La voiture
qui a changé l'entreprise

Éditions d'Organisation
1, rue Thénard
75240 Paris Cedex 05

Consultez notre site :
www.editions-organisation.com

DES MÊMES AUTEURS

Jean-Pierre GUTH, *Bâtisseurs d'Alliance*, Éditions d'Organisation, 1998.

Gérard NAULLEAU, *Contrôle de gestion et pilotage de la performance*, (en collaboration), Éditions Montcrestien, 270 pages, Paris 2002.

Gérard NAULLEAU, *Contrôle de gestion et stratégie de la banque*, (Co-auteur M. Rouach), Éditions Banque, 128 pages, Paris 2000.

Gérard NAULLEAU, *Le contrôle de gestion bancaire et financier*, (Co-auteur M. Rouach). Quatrième édition. Éditions Banque, 374 pages, Paris 2002.

CHEZ LE MÊME ÉDITEUR

Jean-Pierre GUTH, *Bâtisseurs d'Alliances* (1998)

Jean-Pierre GUTH, Gérard NAULLEAU

La voiture
qui a changé l'entreprise

La conception traditionnelle de la firme comme une entité autonome dotée de frontières claires et distinctes est en train de céder la place à celle d'une multiplicité de partenaires dont les activités s'interpénètrent profondément et qui maintiennent des relations de réciprocité à la fois formelles et informelles.

Jérémy Rifkin, 2000

Éditions
d'Organisation

La smart & pure 1998

Sommaire

Partie 2

Des partenariats pour financer, produire
et distribuer la smart

Partie 3

La reconfiguration du projet
et le pilotage des partenariats

Introduction

Le développement, l'industrialisation, la production et la distribution de ce qui est devenu la smart est le produit d'une succession inédite d'alliances entre sociétés et de partenariats très originaux. Notre but était initialement d'étudier le détail de cette architecture partenariale et d'en comprendre le fonctionnement. Mais en appréhendant cette entreprise de plus près, en interviewant ceux qui avaient été à l'origine du projet, en visitant les lieux et en rencontrant ceux qui la font vivre tous les jours, nous avons découvert combien cette histoire était peu commune et riche d'enseignements. Comment, en quatre ans, de 1994 à 1998, sans fonds propres ou presque, a-t-on pu à la fois développer un véhicule, construire une usine, organiser une société nouvelle de plus de 2 000 personnes, et lancer une nouvelle marque automobile au moment où tous les constructeurs se regroupaient ? Si les difficultés commerciales du début ont pu éclipser en apparence l'originalité de cette aventure, la smart[1] a cependant été un formidable laboratoire d'innovations techniques, industrielles, commerciales et financières.

Nous respecterons la charte graphique de la société qui veut que « smart » et « smartville » s'écrivent toujours avec un s minuscule.

1

• Le produit marque une rupture dans l'histoire de l'automobile. Tout le monde s'accorde à dire qu'il y aura un avant et un après, tant cette voiture (notamment son design) a marqué les esprits. La genèse du produit fascine par son ambition, même si les ingénieurs ont parfois été contraints de composer avec un existant technique et industriel. L'ambition des fondateurs était en effet radicale : ils voulaient tout simplement révolutionner l'industrie automobile et ses usages, notamment en ville.

• Les personnalités fondatrices de cette aventure ont un certain nombre de traits communs qui en font des entrepreneurs hors pair. Chacun connaît le nom de N. Hayek et son succès avec la Swatch. Mais d'autres sont injustement restés dans l'ombre comme J. Tomforde qui a su entraîner collaborateurs et fournisseurs dans un projet aussi ambitieux. Dans un tout autre champ, C. Baubin a poussé la logique du portage financier à des niveaux inconnus dans le secteur automobile. On ne peut comprendre cette histoire de la smart (qui est d'abord une histoire d'innovations) qu'en ayant à l'esprit la personnalité de ses pères fondateurs.

• Outre le produit et les personnalités des fondateurs, on ne peut qu'être fasciné par la logique partenariale qui fut développée à tous les stades : études, production, distribution, financement, logistique, mais aussi système d'information et ressources humaines. À l'analyse, ces alliances et partenariats se sont avérés étonnamment originaux dans leur conception et dans la manière dont ils ont été et sont vécus. Dans les milieux d'affaires, cette notion de partenariat sent parfois le souffre car elle est souvent perçue comme le faux nez d'une relation commerciale de domination entre un « donneur d'ordres » et ses fournisseurs. Or, ce que nous avons découvert, en prenant le point de vue des équipementiers, c'est que ceux-ci vivent effectivement une relation d'associés, cimentée par des mécanismes de rétribution originaux et perçus comme équitables.

- Le site industriel, construit en Lorraine à Hambach, traduit cette architecture partenariale et, à ce titre, préfigure les aménagements industriels du futur. Constructeur et partenaires partagent les mêmes ensembles de bâtiments et coordonnent directement la totalité des flux. Il s'agit certes d'un aboutissement de la logique des parcs industriels : au cours des quinze dernières années, les fournisseurs de l'industrie automobile se sont rapprochés constamment des constructeurs. Mais on atteint là une proximité nouvelle, créant un réseau, avec ses problématiques propres d'organisation, de système(s) d'information, de ressources partagées et de gestion sociale.

- L'ingénierie modulaire a été le pré-requis qui a permis de pousser à un degré inédit les partenariats client/fournisseurs. La smart a établi un nouveau record dans cette course à la réduction du nombre de modules en phase d'assemblage dans laquelle tous les constructeurs se sont engagés. Or, c'est le caractère pragmatique de ce découpage qui a retenu notre attention. Là encore, le partage des fonctions et des rôles n'a pas été fait unilatéralement par le constructeur ou suivant un principe exclusif de rationalisation industrielle *ex ante,* mais par l'échange et la négociation continue entre les parties prenantes.

- Enfin, la gestion de projet elle-même nous a fascinés. Certes, il s'agit d'un thème très exploré. Il faut cependant souligner le caractère exceptionnel de ce projet. Tous les ingrédients classiques s'y trouvent : un projet ambitieux, des chefs hors normes, des délais contraignants...

Nous avons pris le parti de faire le récit de ce qui a été vécu comme une aventure par ses principaux protagonistes. C'est une approche de nature ethnographique qui nous a guidé : nous avons d'abord voulu rendre compte au plus près des faits et des événements qui ont jalonné cette entreprise, leur laisser leur fraîcheur et leur richesse et limiter les développements théoriques. Au fil du récit, nous avons seulement ajouté quelques remarques et éléments de formalisation pour élargir la réflexion, ou quelques opinions pour ouvrir le débat. Notre souhait a été de permettre à chacun de s'approprier cette aventure et d'en tirer les leçons qui lui conviennent.

Précisons que notre travail a été conduit sans contraintes de la part de la direction de DaimlerChrysler, qui nous a ouvert ses portes et celles de ses équipementiers et qui a corrigé les erreurs grossières constatées dans l'énoncé de nos observations ; qu'elle en soit ici remerciée.

Partie 1

De la Swatch
à la smart

Chapitre 1

Naissance
d'une alliance

« Experience shows that it is a lot more costly and takes far longer to integrate a company than to grow one. To integrate a company the size of SEAT once put VW on the borderline of existence… It would have been cheaper for VW to grow its own company than to rebuild Audi »

Dr Piëch, CEO of VW (*Automotive News Europe,* April 12, 1999)

DU SUCCÈS SWATCH
AU PROJET SWATCHMOBILE

Nicolas Hayek

En ce mois de février 1993, un certain N. Hayek s'agite dans ses bureaux de la banlieue industrielle de Zürich. Parviendra-t-il jamais à convaincre un industriel automobile de s'engager avec lui sur le nouveau concept qui l'obsède depuis quelque temps : la « Swatchmobile ? »

On doit à N. Hayek et à son cabinet la survie de l'industrie horlogère suisse.

Une voiture écologique, « fun », provocatrice, de grande qualité, vendable à petit prix, que l'Europe et le monde attendent ! Mais comment persuader ces industriels conservateurs de tenter l'aventure ? Toute l'équipe du cabinet conseil Hayek Engineering en est persuadée : la première entreprise qui lancera un tel concept sur le marché automobile est assurée d'un très grand succès. Le cabinet d'ingénierie a une formidable référence à son actif : ne lui doit-on pas la survie de l'industrie horlogère suisse grâce à la « Swatch », dont il a créé et mis en œuvre le concept ?

N. Hayek, né à Beyrouth en 1928, est venu faire des études de chimie et de métallurgie en Suisse où il a obtenu le diplôme d'ingénieur au début des années cinquante. Retourné un temps au Liban comme importateur de machines-outils, il revient à Zürich en 1957 pour travailler au service d'une entreprise américaine : la société de conseil Knight ; il devient rapidement l'un des associés de cette entreprise. Homme à la personnalité très indépendante, il fonde en 1964 sa propre société d'ingénieurs-conseils, Hayek Engineering AG. En 1982, celle-ci devient le premier cabinet-conseil de Suisse. C'est une consultation réalisée pour le compte de l'industrie horlogère fédérale qui le rendra célèbre. Nous sommes au début des années quatre-vingt et l'industrie suisse de l'horlogerie se trouve en grande difficulté : les exportations ont été divisées par deux depuis le début des années soixante-dix et les montres électroniques réalisées en Asie, dotées d'un fonctionnement à quartz, envahissent le marché. Les industriels suisses se replient sur le marché du luxe, mais les volumes ne permettent plus aux équipementiers et aux fournisseurs d'investir. Ceux-ci tombent les uns après les autres ou se reconvertissent vers d'autres activités. Consulté par la profession, Hayek Engineering préconise un traitement de choc.

Il propose en effet de regrouper les deux grands fabricants devenus insolvables, ASU AG et SSIH (Société Générale de l'Horlogerie Suisse SA, et Société Suisse pour l'Industrie Horlogère SA), et concentrer tous leurs moyens dans la mise au point d'un produit à l'étude depuis trois ans chez ASU AG. Il envisage le perfectionnement de ce produit par l'utilisation de la technologie du mouvement à quartz. Il estime envisageable de diviser par deux le nombre de pièces nécessaires en industrialisant la production. En tirant parti de technologies nouvelles comme la micro-injection plastique, la soudure aux ultrasons, et en se servant de matériaux nouveaux, un assemblage totalement automatique serait possible.

On obtiendrait une montre à la fois précise, étanche, très fiable, d'un prix imbattable pour un produit de cette qualité. Il propose de centrer toute la stratégie du groupe sur cette nouveauté, que l'on appelerait

N. Hayek en 1995

« Swatch » ; de mettre en place un système de distribution spécifique, et de lancer un concept marketing international nouveau, porteur dans le monde entier : la Swatch serait un accessoire mode, jeune, transformable à souhai t, un brin provocateur, symbole d'un nouveau style de vie.

Le produit est lancé à l'automne 1983 au prix de 49,90 francs Suisses (environ 30 euros). Des boutiques Swatch sont ouvertes dans les grandes capitales, une campagne promotionnelle importante associe Swatch à de grands événements sportifs. Quelques mois plus tard, courant 1984, la Société Suisse de Micro-électronique et d'Horlogerie est créée (SMH). Elle regroupe les deux sociétés mentionnées plus haut ainsi que, à leur demande et à celle des banques, la société de N. Hayek comme actionnaire majoritaire garant de la

stabilité du nouveau groupe, de la mise en œuvre de la nouvelle organisation et de la réalisation du concept. On atteint rapidement la millionième Swatch. Le produit est un succès absolu, salué dans le monde entier. Le cas Swatch est au programme des plus grandes « business schools » européennes et américaines de la fin des années quatre-vingt. Aujourd'hui, SMH regroupe plus d'une douzaine de marques prestigieuses comme Longines, Tissot, Oméga et... Swatch. Plusieurs centaines de millions de montres ont été produites. La Suisse est redevenue le leader mondial de cette industrie.

Rééditer l'opération Swatch dans le secteur automobile

La situation de l'industrie automobile européenne des années quatre-vingt-dix rappelait celle de l'industrie horlogère suisse des années soixante-dix.

(*) Cette forme de propulsion associe les deux techniques, électrique et thermique, sur un véhicule : les moyeux des roues comportent un moteur électrique alimenté, suivant les situations de conduite, soit par des accus, soit directement par la dynamo associée au moteur à explosion.

Comment rééditer ce coup de génie ? N. Hayek a toujours eu un faible pour l'industrie automobile et celle-ci, à la fin des années quatre-vingt, a de nombreux points communs avec l'industrie horlogère. Une déferlante asiatique a débarqué sur les États-Unis et l'Europe avec des véhicules d'une qualité irréprochable produits à des coûts imbattables. Les constructeurs européens ignorent le phénomène ou bien tentent en vain d'imiter leurs homologues orientaux : ils n'innovent ni ne changent les références propres au marché. Ils se contentent de mettre en place des cercles de qualité ! Cela rappelle trop l'industrie horlogère suisse de la fin des années soixante-dix pour ne pas susciter chez N. Hayek l'envie de contribuer à retourner la situation en rééditant le coup de la Swatch ! Or, Hayek Engineering n'est pas seulement un bureau de conseil en stratégie, organisation de production et automatisation de processus : il regroupe des individus très compétents en technologie, notamment dans les secteurs de la métallurgie, de la micro-électronique et des télécommunications. À cette époque, N. Hayek fait travailler ses ingénieurs sur une nouvelle génération de moteurs (les moteurs hybrides) (*) susceptible de révolutionner l'industrie automobile, comme l'avait fait le mouvement à quartz pour l'industrie horogère. Disposer d'un moteur non polluant et fiable serait un formidable atout pour une voiture de ville.

À cela, N. Hayek propose d'ajouter des recettes qui lui ont bien réussi : une ingénierie d'assemblage ultra-moderne afin de diminuer les coûts et d'obtenir un rapport qualité/prix sans équivalent en Europe (il a en tête 10 000 francs suisses, soit un peu plus de 6 000 euros), un design « fun » et « branché », une voiture ultra-courte, personnalisable, un réseau de distribution spécifique relayant l'image du produit et permettant des ventes en grande distribution, et un concept marketing de mobilité très séduisant. Plutôt qu'acheter un véhicule, le client pourrait le louer, voire s'abonner à un service de mobilité, et agir avec les voitures comme le font avec les montres les propriétaires de Swatch qui aiment en changer selon les différentes occasions de la vie sociale. Le concept est baptisé « Swatchmobile ». N. Hayek fait un premier chiffrage financier d'un tel projet : de l'ordre de 400 millions d'euros. Le pari est osé, mais N. Hayek croit suffisamment en son inspiration. C'est fort de ses réalisations dans l'industrie horlogère qu'il décide d'aborder les grands industriels européens de l'automobile.

UNE NÉCESSITÉ : S'ASSOCIER

Premières approches

Il présente son projet à Renault qui décline la proposition par peur de cannibaliser ses autres modèles du segment des « sub-compacts » : la Clio et surtout la Twingo. Volkswagen lui réserve un meilleur accueil. À l'époque (nous sommes peu après 1990) le N° 2 de VAG, M. Goedevert, est suffisamment séduit et convaincu par le concept pour accepter de discuter du projet dans le détail. Les deux hommes décident alors rapidement de créer à Bienne, en

N. Hayek présente son projet à des constructeurs européens.

Suisse, la société d'engineering SMH-VW AG chargée de réaliser l'étude et le développement de la Swatchmobile. C'est une société commune détenue à parité par les deux entreprises. Mais les deux associés s'entendent difficilement, et lorsque survient un changement majeur dans l'État-Major de VAG avec l'arrivée du Dr Piëch, chargé d'assainir le groupe automobile en difficulté, celui-ci décide alors de jeter l'éponge : SMH-VW sera l'un des nombreux projets rejetés par Piëch à cette époque. Ne restera que SMH, sans VW.

N. Hayek tente alors de réactiver les relations qu'il avait eues quelques années plus tôt avec un représentant du leader mondial de la grande berline de luxe : Mercedes. Les contacts ont lieu avec le président du directoire de la société allemande, H. Werner. La branche automobile Mercedes Benz était alors en situation difficile face à un marché qui paraissait saturé, et le groupe envisageait de diversifier sa gamme et son positionnement. Incontestablement, N. Hayek proposait là une occasion d'aborder un secteur dans lequel la société n'était pas présente, voire de créer un nouveau segment de marché !

L'accord avec Mercedes sur le concept de Swatchmobile

Mercedes s'était déjà penché sur la conception d'un petit véhicule.

Depuis les années soixante-dix, Mercedes s'était penché sur la conception d'un petit véhicule destiné aux villes de l'an 2000, mais hésitait encore, pensant que le concept ne correspondait pas à son image. De 1991 à 1993, des travaux avaient été conduits par J. Tomforde, à « l'Advanced Design Studio » de Mercedes en Californie, pour préparer un véhicule conforme à la future réglementation ZEV (« *Zero Emission Vehicle* ») prévue par cet État. Un prototype de voiture à 2 places avait été réalisé, avec une version purement électrique et une version hybride, mais il était trop cher et trop lourd pour être industrialisable. Ce prototype avait été baptisé MCC, pour Mercedes City Car ; ce sigle fera le lien entre le passé de l'entreprise et son futur, puisqu'il sera repris plus tard pour Micro Compact Car, nom donné à la société chargée de développer, fabriquer et commercialiser la smart.

Le projet présenté par N. Hayek pouvait permettre à Mercedes d'approfondir les premières études réalisées pour MCC. L'entreprise était sensible à la réputation du personnage et ne souhaitait pas passer à côté d'une initiative potentiellement intéressante qui finirait certainement par trouver l'oreille d'un constructeur. Autant ne pas offrir à d'autres une pareille occasion. Ce projet rentrait aussi pleinement dans l'intention stratégique de Mercedes-Benz qui était de cibler une population jeune, sa clientèle traditionnelle vieillissant d'année en année. En outre, il était clair que presque tous les fabricants travaillaient sur ce concept de micro-voiture à deux places, et il fallait profiter de la proposition de N. Hayek, de son image et de ses capacités en marketing pour être les premiers à occuper ce créneau. La Classe A s'avérant correspondre à la limite basse d'un produit compatible avec la marque Mercedes, il ne pouvait être question que le véhicule portât l'étoile à trois branches et fût distribué par le même réseau : le développement d'une autre marque était essentiel et rencontrait le souhait de N. Hayek de se démarquer des réseaux et des marques installés. Il y avait convergence sur ce point : SMH n'agirait pas en sous-traitant de Mercedes mais comme co-développeur et associé.

Par ailleurs, la proposition de N. Hayek offrait à Mercedes une occasion intéressante de tester les nouveaux modes d'organisation promus par lui, et de valoriser les travaux réalisés à l'usine de Berlin sur de très petits moteurs à injection directe et sur des moteurs diesel. Le pari était risqué, avec tant d'innovations techniques, commerciales et organisationnelles ! Le véhicule s'avérerait-il performant ? Le créneau de marché serait-il viable ? Les partenaires s'entendraient-ils suffisamment ? Les réponses penchaient plutôt en faveur de l'aventure. Par chance, comme N. Hayek, Mercedes souhaitait aussi contenir les investis-

L'association entre SMH et Mercedes s'inscrit dans une catégorie particulière de coopérations : les alliances de développement dont le but est d'explorer de nouvelles technologies et/ou de nouveaux marchés. Ce type de coopération est réputé instable, et il est important que des résultats soient obtenus assez rapidement afin d'assurer à l'alliance une dynamique. Chacun des partenaires tend en effet à chercher à prendre l'avantage sur l'autre, les représentants des entreprises parentes maintenant habituellement une très forte loyauté envers celles-ci. Dans cette compétition interne à l'alliance, les ressources critiques sont les capacités d'apprentissage ainsi que les capacités relationnelles des parties. Pour perdurer, les alliances de développement doivent assurer des retours visibles aux entreprises qui les ont réalisées ; sinon, à la moindre crise, elles peuvent être remises en cause. Elles sont sujettes à des évolutions rapides, généralement prévues dans les contrats. Si certaines se transforment en alliances de nature commerciale et perdurent sous des formes d'organisation plus classiques, devenant progressivement indépendantes des entreprises parentes (nous pensons aux cas d'Airbus ou d'Alstom), la plupart se voient progressivement reprises par l'un ou l'autre des partenaires fondateurs. Elles auront alors été utilisées pour explorer de nouvelles technologies, de nouveaux usages et/ou de nouveaux marchés[1].

1. Pour aller plus loin, voir Koza M. and Lewin A. : « Managing Partnerships and Strategic Aliances : Raising the Odds of Success », *European Management Journal*, 2000, vol. 18, n° 2.

sements nécessaires, et le constructeur ne tint à aucun moment pour irréalistes les esquisses de coût proposées par N. Hayek. Après tout, pourquoi ne pas essayer ?

La figure présentée ci-dessous résume les apports des deux sociétés à cette alliance et montre bien leur complémentarité. Les retours attendus par les partenaires sont également indiqués avec, notons le dès à présent, une concurrence dans un domaine qui pourrait devenir important : celui des moteurs. SMH compte bien commercialiser les moteurs hybrides sur lesquels il travaille, tandis que Mercedes serait ravi de vendre les nouveaux petits moteurs thermiques qu'il vient de mettre au point dans son site berlinois.

LES MOTIVATIONS DES ACTEURS
Apports & bénéfices escomptés de l'alliance

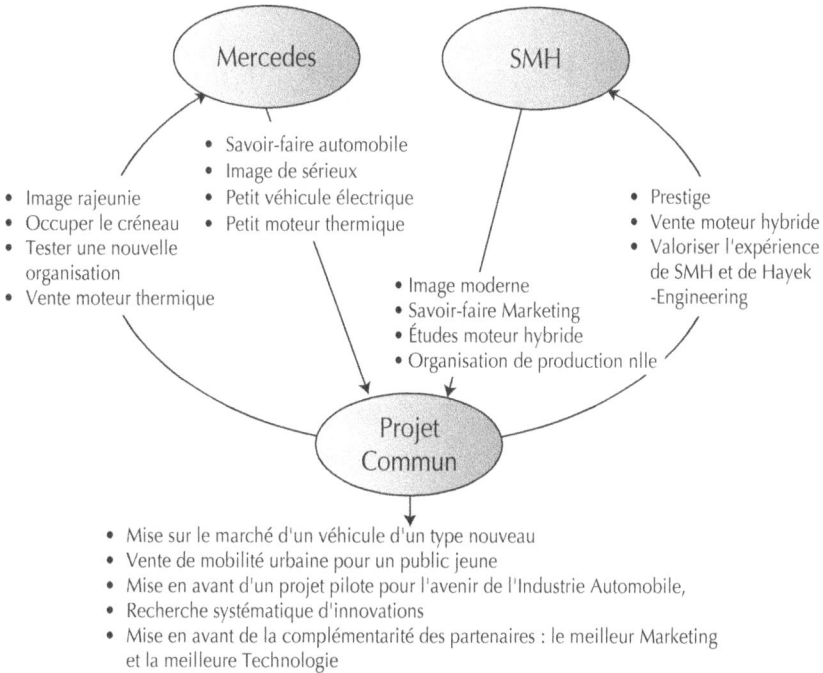

Mercedes

SMH

- Savoir-faire automobile
- Image de sérieux
- Petit véhicule électrique
- Petit moteur thermique

- Image rajeunie
- Occuper le créneau
- Tester une nouvelle organisation
- Vente moteur thermique

- Prestige
- Vente moteur hybride
- Valoriser l'expérience de SMH et de Hayek -Engineering

- Image moderne
- Savoir-faire Marketing
- Études moteur hybride
- Organisation de production nlle

Projet Commun

- Mise sur le marché d'un véhicule d'un type nouveau
- Vente de mobilité urbaine pour un public jeune
- Mise en avant d'un projet pilote pour l'avenir de l'Industrie Automobile,
- Recherche systématique d'innovations
- Mise en avant de la complémentarité des partenaires : le meilleur Marketing et la meilleure Technologie

Les motivations de l'association entre Mercedes et SMH

L'accord entre les deux partenaires intervient dans le courant de l'été 1993 : une lettre d'intention est signée, et il est décidé d'étudier la faisabilité du concept. On se donne jusqu'au printemps 1994 pour terminer cette étude. Un partenariat plus qu'original vient ainsi d'être scellé : l'alliance entre, d'une part, la créativité et l'innovation, et, d'autre part, le sérieux, la qualité et la capacité industrielle d'une marque établie au sommet de sa spécialité. Les deux partenaires sont bien décidés à profiter de cette alliance entre « le meilleur du marketing et le meilleur de la construction automobile ».

L'alliance se fait entre « le meilleur du marketing et le meilleur de la construction automobile ».

Chapitre 2

Les premiers pas de l'alliance : du concept au projet de Swatchmobile

LA CONSTITUTION DE L'ÉQUIPE

J. Hubbert, l'interlocuteur de N. Hayek

Le concept est ambitieux mais l'instruction du dossier visant à en étudier la faisabilité ne l'est pas moins, tant les délais sont serrés. Cette phase préliminaire va constituer la première épreuve de vérité quant à la capacité des partenaires à travailler ensemble. L'étude de faisabilité doit être remise en février 1994, ce qui laisse 6 mois à l'équipe chargée de l'analyse. Il a été convenu que la création d'une société commune serait réalisée dans la foulée si les partenaires convenaient de s'engager sur la base du projet qui leur serait remis. L'interlocuteur de N. Hayek est désormais le Pr J. Hubbert, patron de la Division Automobiles de Daimler-Benz.

L'étude de faisabilité est la première épreuve de vérité.

Les deux hommes ont des tempéraments à l'image de leurs sociétés respectives : ils s'opposent en tout. Mais on peut aussi considérer qu'ils se complètent en tout : c'est le pari de l'alliance. Hubbert croit suffisamment au concept pour laisser Hayek responsable du « brief » qui servira de base aux travaux de l'équipe projet constituée d'un commun accord. Tout au long de son déroulement, il soutiendra ce projet, et aujourd'hui même il le dirige comme membre du directoire du Groupe Mercedes Automobile de DaimlerChrysler. Les membres de l'équipe projet avaient été identifiés au moment de la signature de la lettre d'intention : deux viennent de l'entreprise Mercedes et un de SMH. Leurs personnalités sont très différentes mais ils sont entraînés par celui qui a l'expérience de l'ingénierie et du développement automobile : J. Tomforde.

Le développeur visionnaire : J. Tomforde

« L'avenir avait commencé depuis longtemps. »

Né près de Hambourg en 1946, de la même génération que ses deux collègues, J. Tomforde a fait des études de mécanique. Mais sa véritable spécialité est le Design Industriel auquel il s'est formé aux Beaux-Arts de Hambourg. Entré chez Mercedes en 1970, il rêve depuis plus de 20 ans d'une petite voiture compacte et écologique : *« L'avenir avait commencé depuis longtemps lorsque je fus associé à cette affaire »* nous dira-t-il. Il avait passé trois années au laboratoire californien de Mercedes à réaliser le prototype de voiture électrique que la société allait finalement abandonner. N. Hayek lui offre une revanche. Mais surtout, le projet l'enthousiasme car il y retrouve beaucoup des idées qu'il porte lui-même. J. Tomforde croit d'emblée au concept développé par N. Hayek, en particulier lorsque celui-ci lui fait visiter les unités de production de la Swatch, totalement automatisées. Très créatif (il a déposé lui-même plus de 200 brevets à son nom) et connu pour sa capacité d'exercer un leadership, il sera pour N. Hayek le relais idéal. Par la suite, il saura entraîner ses interlocuteurs dans sa vision de l'automobile du futur et leur faire partager son enthousiasme pour l'innovation (*« Begeisterung für neue Wege »*). Véritable porteur du concept, sûr de lui, toujours élégant et un peu raide dans son comportement, il aura en tête toutes les composantes du projet, ayant une idée sur tout et étant présent sur tous les fronts.

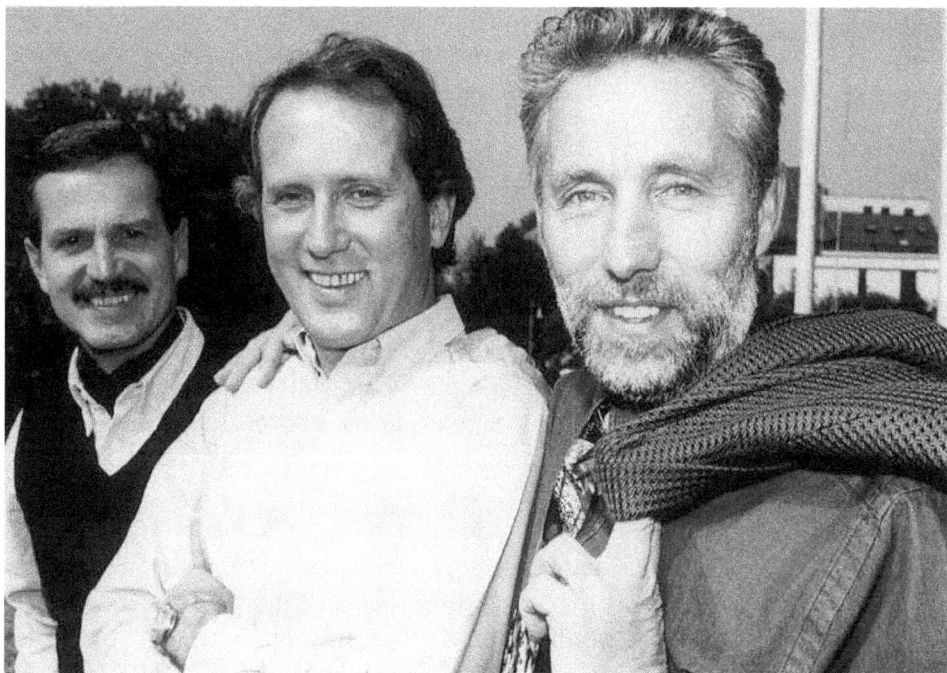

Les Trois Mousquetaires

Le gestionnaire : C. Baubin

Né à Linz en 1947 d'une grande famille autrichienne, il a fait des études de droit à Salzbourg, puis de gestion à Stuttgart. Il est lui aussi arrivé chez Mercedes au début des années soixante-dix. En 1994, il rentre de Singapour où il a réorganisé les activités de Mercedes-Benz en Asie du Sud-Est ; il a alors en charge les différents partenariats de la société. Il est connu chez Mercedes comme un spécialiste des sociétés communes, et en particulier des « joint-ventures ». C'est donc tout naturellement qu'il a été chargé d'étudier ce projet et qu'il s'est laissé convaincre d'en accepter la responsabilité administrative et financière. Très différent de J. Tomforde, le « Doctor Baubin » est connu pour sa capacité à mettre en place une structure de personnes chevronnées sur lesquelles il s'appuie par la suite. Fiscaliste, il se passionne pour les montages juridiques. C'est lui qui prendra en charge le montage admi-

> C. Baubin est un spécialiste des montages juridiques et fiscaux des sociétés communes.

19

nistratif, juridique et fiscal de la co-entreprise formée entre Mercedes et SMH si le projet est considéré comme viable à l'issue de l'étude de faisabilité.

L'homme de SMH : HJ. Schär

HJ. Schär représente le point de vue de SMH dans l'étude de faisabilité.

HJ. Schär est l'homme de SMH dans cette troïka. Né à Zurich en 1947, comptable de formation, il a acquis une solide expérience en Amérique du nord avant d'entrer chez SMH en 1985 pour y prendre en charge l'informatique et la finance. En 1989, il est chargé du marketing de SMH. Il est connu pour son caractère provocateur et joueur, ce qu'apprécie manifestement N. Hayek. Ce dernier lui confie pour mission de représenter le point de vue de sa société dans l'étude de faisabilité menée conjointement avec les deux cadres de Mercedes. Il est en charge du marketing et du pan commercial du concept. Immédiatement il se passionne pour le projet et, tout comme J. Tomforde, met en œuvre, dans cette perspective, une créativité et une capacité de conviction et de séduction exceptionnelles.

Entre ces individus, les complémentarités sont évidentes et le partage des rôles est clair. Une anecdote, rapportée par un industriel, futur partenaire du projet, résume bien leurs styles respectifs : « *Lorsque l'on dînait avec eux, C. Baubin racontait une blague, HJ. Schär, provocateur, en rajoutait, et J. Tomforde souriait.* » Ce sont clairement trois personnalités particulièrement enthousiastes et entreprenantes qui furent choisies pour lancer ce concept de Swatchmobile.

FAÇON DE FAIRE

Le « brief » de Hayek

Le partenariat à tous les niveaux sera la clé du projet.

Dans son briefing oral, N. Hayek fait part de sa vision. La clé du concept, c'est une organisation partenariale à tous les niveaux de la chaîne de valeur, de la conception à la distribution du véhicule. C'est aussi une révolution dans les méthodes d'assemblage, comme il l'a fait pour Swatch. Il a l'absolue conviction que le secteur automobile, resté au fond très traditionnel, peut être secoué ! Son propos, passionné, fascine et irrite ses interlocuteurs germaniques. L'approche était tellement *« emotional »* nous dira J. Tomforde, *« nous n'étions pas habitués »*.

L'objectif présenté est la mise sur le marché d'un véhicule répondant aux principes suivants :
- un prix imbattable,
- des innovations techniques qui surprennent,
- un moteur électrique, ou au moins hybride, pour répondre à la demande écologique,
- une voiture originale et personnalisable, qui « démarque » son acheteur,
- un positionnement marketing nouveau dans le secteur de l'automobile, autour du concept de mobilité urbaine,
- un réseau de distribution innovant,

le tout réalisé à partir d'un modèle d'organisation révolutionnaire :
- lier à un niveau inédit, les phases de conception du véhicule, d'industrialisation et de construction de l'usine pour profiter de toutes les possibilités de réduction des coûts et de diminution des délais ;
- créer une rupture dans l'ingénierie d'assemblage en automatisant la production à un niveau inconnu jusqu'ici et en limitant le nombre de modules finaux à l'assemblage ;
- limiter par tous les moyens les investissements « en propre » en associant notamment les équipementiers à tous les stades du projet. *« Traitez les en entrepreneurs-associés et non plus en fournisseurs ! »*, ne cessait de répéter Hayek.

La réalisation de l'étude de faisabilité

L'équipe-projet a la responsabilité d'analyser les conditions de réalisation du concept Swatchmobile et de

L'équipe remettra les grandes lignes de cette étude en février 1994.

remettre en février 1994 les grandes lignes de cette étude. Pour cela, la lettre d'intention entre les partenaires prévoit que les points suivants seront abordés :
- explicitation du concept,
- étude du marché,
- description technique du projet,
- estimation des coûts,
- business-plan,
- proposition de structure,
- mode de financement.

Durant cette période, il était également convenu que l'on se transmettrait les résultats des travaux effectués jusqu'ici par chacun des partenaires sur ce sujet et que ceux-ci prendraient en charge leurs propres frais jusqu'à la remise des conclusions. On respecterait le droit des partenaires à l'exclusivité sur le contenu des discussions et échanges relatifs au projet, ainsi que la confidentialité sur l'étude en cours.

Les travaux furent remis, comme convenu, en février 1994. Les grandes lignes sont résumées dans le tableau ci-dessous :

Marketing	Une marque nouvelle doit être lancée, l'équipe-projet ne se prononçant pas entre MCC (Mercedes City Car) et Swatchmobile proposés respectivement par Mercedes et SMH.
	Le prix de vente client devra être d'environ 6 100 euros (40 000 FRF).
	L'objectif est d'atteindre rapidement 8 % du marché des voitures micro-compactes d'ici l'an 2000, soit environ 200 000 véhicules par an ; c'est à partir de ce chiffre que l'usine devra être configurée.
	Les prévisions de ventes en France, principal marché escompté, sont les suivantes : 1998 : 12 500 ; 1999 : 17 000 ; 2000 : 25 000.
	Un système de commercialisation autonome composé de partenaires franchisés permettra de réduire les coûts de distribution et de maîtriser totalement le marketing.

Produit	Le véhicule ne devra pas dépasser 2,50 m de long pour se différencier au maximum de la Classe A de Mercedes et faciliter le stationnement ; les prototypes envisagés jusqu'ici par Hayek Engineering sont notablement trop long (3,50 m).
	La propulsion pourra être soit totalement électrique, soit hybride, soit thermique, la suite des travaux devant permettre le choix.
	Un haut niveau de qualité et de sécurité doit être proposé.
Production	La société à créer se concentrera sur le développement et l'assemblage, mais ne produira ni le moteur, ni la carrosserie, qui seront achetés.
	La production sera organisée autour d'un nombre très réduit de modules réalisés par des équipementiers partenaires participant aux investissements.
	Le temps de montage devra être inférieur à 24 heures, standard actuel de la profession, et même aux 12 heures atteintes par Opel dans sa dernière usine.
	Le site de l'unité de production sera défini en fonction des critères suivants : coûts de logistique, coûts de main d'œuvre, et montant des subventions pouvant être obtenues.
Coûts et rentabilité escomptés (valeurs 1993)	L'objectif est de faire des investissements, pour l'ensemble du développement et de l'industrialisation, de 30 % inférieurs aux coûts de la Classe A.
	Compte tenu du partage des frais avec des sociétés finançant leur part du développement pour de très gros modules, l'investissement à prévoir pour les partenaires est estimé aux chiffres suivants : développement : 600 MDM (320 M€) ; production : 700 MDM (373 M€) ; marketing : 100 MDM (53 M€) ; total : 1 400 MDM (746 M€).
	Le « pay-back » du projet est estimé à cinq ans et demi.
Structure	Le siège de la société devra être implanté en Suisse pour des raisons fiscales.
	Le capital sera réparti comme suit : 51 % pour Mercedes-Benz, 49 % pour SMH.
	Le développement sera réalisé par une filiale à 100 % implantée à Renningen, en Allemagne.
	La production se fera dans un pays à définir (si possible en France où le marché escompté est important).
	Le marketing sera assuré par le siège en Suisse.
Financement	La société devra être dotée d'un capital social initial de 50 M CHF (30 M d'euros), qui sera porté plus tard à 100 M CHF afin de couvrir les frais de marketing.
	Les partenaires financeront les frais au prorata de leur part de capital.

J. Hubbert et N. Hayek approuvent rapidement cette étude de faisabilité et décident de s'engager dans une société commune sur cette base. Un contrat de « joint-venture » entre SMH et Mercedes est signé le 14 avril de cette même année et la société MC MCC est créée et enregistrée à Bienne, en Suisse. Soucieux de pouvoir maîtriser en dernier ressort une affaire dans laquelle les enjeux peuvent être importants pour un constructeur, Mercedes a souhaité disposer de la majorité du capital tout en se contentant d'un symbolique 51 %. En contrepartie, il concède la présidence de lancement à N. Hayek et fait manifestement preuve d'une certaine générosité financière à son égard. On décide que la présidence sera alternée chaque année et que N. Hayek sera le premier président. Le constructeur automobile apporte 457 millions d'euros, tandis que Hayek n'apporte que 152 millions et… sa créativité. Il est également prévu que la société commune MCC contrôle deux entités distinctes : l'une sera chargée du développement et localisée au centre Mercedes de Renningen, près de Stuttgart ; l'autre accueillera la production du véhicule, sa localisation étant déterminée ultérieurement.

La structure initiale

L'implantation du siège en Suisse avait pour but de lisser chez les deux partenaires l'impact fiscal des frais de développement. La réglementation fiscale helvétique admettait en effet que les propriétés intellectuelles créées par les travaux de développement effectués en Allemagne par la filiale localisée à Renningen puissent être comptabilisées dans les actifs de la société mère, MC MCC, localisée à Bienne. Cette disposition fiscale permettait de compenser en comptabilité une partie des avances de trésorerie réalisées par les actionnaires et inscrites au passif de la société commune. Celle-ci afficherait ainsi un bilan sain, ce qui était très important pour SMH, dont la surface financière était limitée, relativement à celle de Mercedes. Par la suite, l'actif des propriétés intellectuelles serait amorti progressivement, ce qui réduirait d'autant les impôts en Suisse sur les bénéfices escomptés. Sans cette possibilité juridique et fiscale, SMH, en consolidant sa part des résultats de la filiale commune, risquait de voir son propre bilan gravement déséquilibré par des dépenses de développement estimées à environ 320 millions d'euros. En revanche, que la société commune fasse des pertes limitées pourrait être utile pour compenser fiscalement les résultats bénéficiaires des deux sociétés mères. Ainsi ce montage permettrait-il à une structure de taille relativement limitée comme SMH de porter un projet d'une très grande envergure par rapport à ses capacités financières propres.

LA CRÉATION DE MC MICRO COMPACT CAR SA

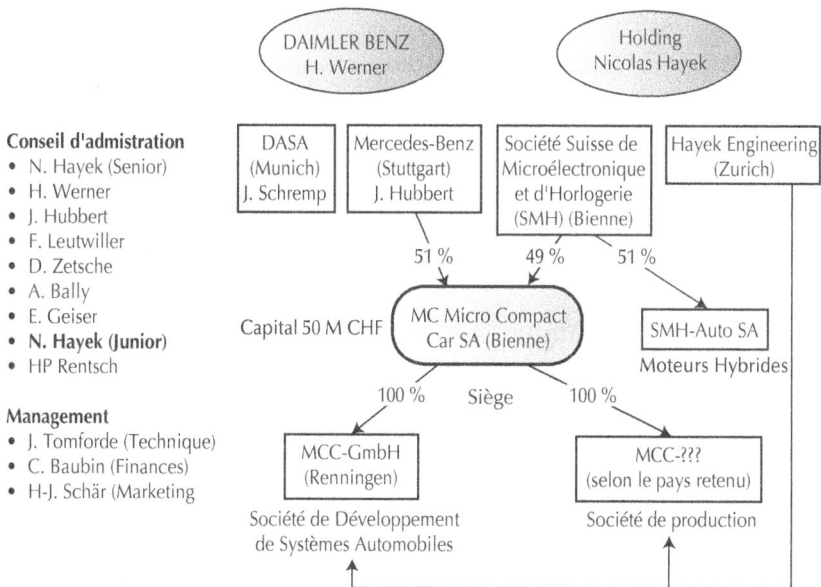

Conseil d'admistration
- N. Hayek (Senior)
- H. Werner
- J. Hubbert
- F. Leutwiller
- D. Zetsche
- A. Bally
- E. Geiser
- **N. Hayek (Junior)**
- HP Rentsch

Management
- J. Tomforde (Technique)
- C. Baubin (Finances)
- H-J. Schär (Marketing

**Création de la société commune MC Micro Compact Car
entre SMH et Mercedes**

On notera que ce montage prévoyait la création de SMH-Auto SA, détenue à 51 % par SMH et 49 % par MC MCC. Cette société, chargée du développement du moteur hybride, serait dirigée par le fils de N. Hayek, qui est par ailleurs également membre du conseil d'administration de la société commune. Montage habile qui permet à N. Hayek de bénéficier indirectement des fonds de Mercedes, au travers des apports majoritaires de ce dernier à MC MCC, tout en lui permettant de garder la main sur cette nouvelle société et de créer une nouvelle activité.

N. Hayek propose par ailleurs, ou plutôt impose, sa propre société, Hayek Engineering, moyennant un contrat *ad hoc*, pour assurer la gestion de projet et le contrôle des coûts, tant pour le développement du véhicule que pour la construction de l'usine. Enfin, les trois instructeurs du projet, Tomforde, Baubin et Schär sont nommés « *Geschäftsführer* » (co-gérants) de la société MC MCC, conformément à un modèle de gestion typiquement germanique où les co-gérants ont tous les pouvoirs et toute la responsabilité, et se retrouvent solidaires dans leurs décisions, prises à l'unanimité.

La pression financière de Hayek sur l'alliance/ la pression de Mercedes sur les délais

SMH réalise 1,5 milliard d'euros de chiffre d'affaires, Mercedes 30 milliards.

N. Hayek estime qu'il n'a pas la surface financière pour prendre sa part du développement, de l'industrialisation et de la commercialisation d'un nouveau véhicule grand public, du moins en respectant les modalités courantes d'organisation et de fonctionnement propres à ce secteur d'activité. L'échelle financière n'est pas de même nature que dans l'horlogerie, secteur grâce auquel il a fait sa fortune. La Golf4 de Volkswagen a coûté, en développement et industrialisation, environ 1,4 milliard d'euros et la Clio2 de Renault plus d'1 milliard d'euros. Il a certainement conscience que SMH ne pourra investir la moitié des sommes qui seront nécessaires. Hayek sait bien en effet que les deux partenaires ne sont pas à égalité sur le plan financier : SMH réalise à l'époque pour 1,5 milliard d'euros de chiffre d'affaires quand Mercedes-Benz pèse plus de 30 milliards d'euros. Il lui faut donc, soit trouver une forme originale de participation (ce qui est déjà le cas comme on l'a vu dans le montage de cette société commune où il a obtenu à bon compte la quasi-parité), soit faire en sorte que les innovations dans les méthodes de développement, d'industrialisation et de commercialisation soient véritablement révolutionnaires en termes de réduction de coûts, mais aussi de portage financier, soit accepter l'hypothèse d'une dilution à venir de sa participation dans l'affaire, ce qui a vraisemblablement été prévu dans le pacte d'actionnaires.

Les développements qui s'annoncent se feront sous la pression de ce déséquilibre financier initial entre les partenaires. La pression continue de Hayek, à la fois sur le plan financier et sur celui de la fidélité à son concept original de Swatchmobile, va se conjuguer à un autre type de pression, imposé cette fois par Mercedes : les délais. Le constructeur veut à tout prix être le premier sur ce créneau de la micro-voiture jeune et branchée ! Une date de mise sur le marché est déjà prévue : on verra les premières Swatchmobile sur les routes au printemps 1998, soit dans moins de quatre ans ! Les dés sont jetés : une telle combinaison de contraintes et de fortes personnalités ne peut que produire des innovations ou exploser rapidement !

Les stratégies Mercedes

Le lancement d'une nouvelle marque automobile comme smart est un phénomène assez rare dans l'univers de la construction automobile depuis la seconde guerre mondiale. On peut le rapprocher du lancement de la marque Saturn par General Motors dans les années quatre-vingt, de la marque Lexus par Toyota, ainsi que Infiniti et Acura par Nissan et Honda aux USA. La relance de marques tombées en désuétude peut également être rapprochée de cette stratégie, avec notamment Bugatti (groupe VAG), Maybach (groupe Mercedes), voire Mini (groupe BMW). Elle s'oppose à celle des fusions et des acquisitions qui, elles, ont été très fréquentes au cours des vingt dernières années. Le secteur automobile, à forte capacité capitalistique, a connu une vague importante de fusions-acquisitions au cours des 20 dernières années. Les résultats sont pour le moins mitigés. Une étude réalisée par le cabinet Mc Kinsey a passé en revue les fusions et acquisitions suivantes : Chrysler/ AMC (1987), Fiat/Alfa (1986), Ford/Jaguar (1989), GM/Saab (1989), BMW/Rover (1992), VW/SEAT (1986/1990). Les 2/3 de ces opérations n'ont pas été considérées comme des succès : les objectifs attendus n'ayant pas été atteints.

Mercedes aura donc joué sur les différents tableaux en créant smart, en fusionnant avec Chrysler pour créer DaimlerChrysler, puis en prenant des participations dans Mitsubishi et Hyundai. Il semble, à l'expérience, que le lancement d'une nouvelle marque soit une stratégie moins risquée que celle de l'acquisition. C'est le sens des propos du président de VAG, Piech, cités en début de chapitre I.

Chapitre 3

Un concept marketing post-moderne

« *La modernité était industrieuse, la post-modernité est ludique.* »

Jérémy Rifkin, 2000

« *Il y aura un avant et un après smart* »

Philippe Guédon, PDG Matra Automobile, 2001

LE MARKETING : DIMENSION DÉTERMINANTE

Un projet Schär original et créatif

L'intuition initiale de Hayek concernant la Swatchmobile était un mélange détonnant de marketing, de technique et de rationalisation industrielle. De ces trois dimensions, l'innovation marketing était certainement la plus déterminante, car Hayek voulait créer une rupture dans la représentation symbolique de cet objet emblématique de nos sociétés contemporaines qu'est l'automobile.

La Swatchmobile était en quelque sorte une anti-Mercedes.

Il voulait en faire un symbole de la post-modernité, privilégiant l'usage, « l'instant social » et un certain art de vivre citadin ; la Swatchmobile était en quelque sorte une anti-Mercedes, ce symbole de la réussite sociale et de la propriété. Même si, finalement, cette vision aura été amendée, il en restera quelque chose d'assez fort dans la smart que nous voyons aujourd'hui dans les rues de nos grandes villes européennes.

Le marketing et le développement du concept ont été réalisés sous la responsabilité de HJ. Schär, au siège de la Société MC MCC, implanté à Bienne, loin de Stuttgart et de ses normes en matière de conception automobile. L'équipe de HJ. Schär est jeune et peu compétente en matière de marketing automobile. Cette réalité est perçue comme un atout, car le slogan, dès l'époque de mise au point du projet de Swatchmobile est *« Not just another car »*. Schär, mettant en acte une grande liberté intellectuelle, initie un concept original et créatif. Il ne s'agit pas seulement de penser un produit mais une prestation globale de service de mobilité urbaine et branchée qui soit en décalage avec l'offre existante.

Positionner la « Swatchmobile » au cœur des enjeux de la mobilité urbaine...

La relation voiture/ statut social a changé et l'exigence de service s'est accrue.

Comment définir à la fois un service assurant la « mobilité individuelle » en ville, et le caractère « branché » d'un véhicule peu cher et facile à stationner ? Les études marketing sur lesquelles s'est basée l'équipe de Schär parlent d'elles-mêmes : en ville, les voitures passent 90 % de leur temps à l'arrêt, roulent rarement plus d'une heure par jour, et leur moyenne est de 20 km/heure au mieux ! Le plus souvent une seule personne se trouve à bord, de telle sorte qu'il y a en moyenne 1,2 passager par voiture, conducteur compris ! En outre, le bruit, les gaz d'échappement et la place occupée par les véhicules en stationnement sont de moins en moins tolérés par des citadins qui sont cependant demandeurs de mobilité individuelle dans des conurbations de plus en plus étendues. Cette demande a évolué : la fascination technique n'est plus aussi forte qu'auparavant, la relation entre la voiture et le statut social a changé, mais surtout l'exigence de service s'est accrue.

L'existence sur le marché de petits véhicules à deux places confirme bien le besoin de traiter ces contradictions ; mais il faudrait, contrairement à ce qui existe déjà, faire une vraie voiture qui puisse, si nécessaire, assurer de plus longs trajets, et surtout garantir sécurité, confort, qualité de conduite et consommation réduite. Enfin, il ne devrait pas seulement s'agir de vendre une voiture, mais de proposer toute une série de services modelant un style nouveau d'utilisateur. En faire, en quelque sorte, un accessoire du citadin moderne.

Des études de marketing furent réalisées pour connaître les tendances et les évolutions du marché automobile visé par le projet. Les éléments marquant retenus et diffusés par l'équipe projet faisaient ressortir une préoccupation écologique mais également individualiste (demande de personnalisation) et fonctionnelle (stationner, quitter la ville avec le même véhicule…). Pour H.J. Schär, il ne s'agissait donc pas de faire la voiture des « verts » mais de répondre à une série d'exigences globales de fonctionnalité, de personnalisation et d'écologie. L'étude détaillée des tendances du marché automobile, telle que diffusée par MC MCC aux distributeurs potentiels est jointe en annexe de ce chapitre

…pour des groupes issus des classes aisées, moyennes et supérieures

Pour quels types spécifiques de clientèle devait-on concevoir le véhicule ? Pour tenir compte des glissements de la clientèle entre les groupes traditionnels, la cible choisie fut large, comme le montre le schéma ci-dessous :

Six groupes-cibles au pouvoir d'achat supérieur à la moyenne.

Groupe-cible principal   Groupe-cible secondaire

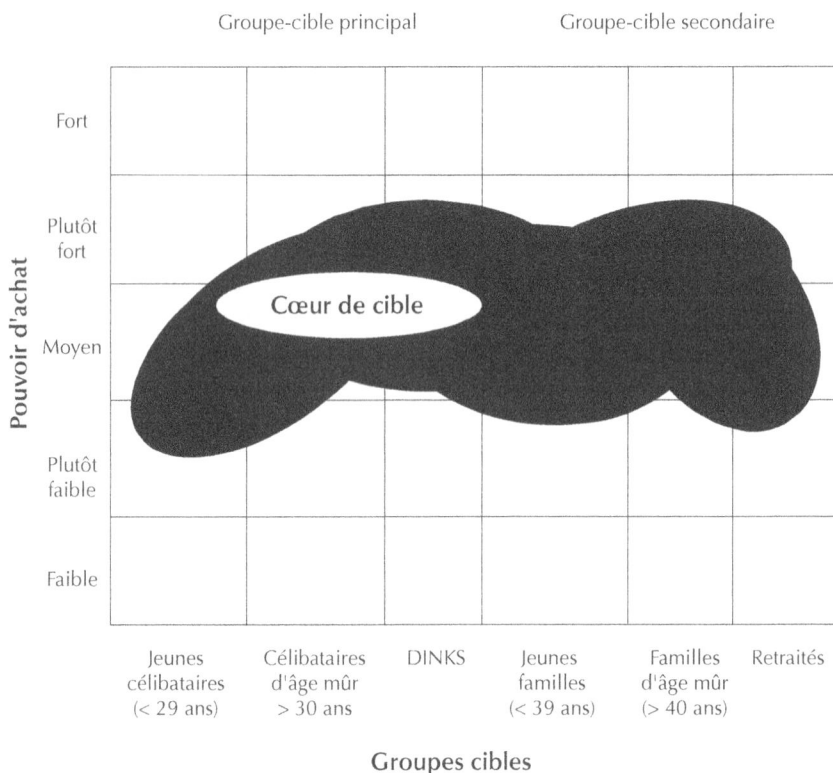

Schéma des groupes cibles de l'étude marketing

Au final, le cœur de cible fut déterminé comme ayant les caractéristiques suivantes :

- célibataires de moins de 30 ans pour lesquels ce produit serait un premier véhicule,
- célibataires plus âgés et DINKS (« Double Income No Kids »),
- familles et jeunes seniors pour lesquels ce produit représenterait le deuxième ou le troisième véhicule.

Ces groupes ciblés appartenaient donc aux classes moyennes et supérieures de consommateurs, déjà partiellement acquises à Mercedes.

Quant aux volumes à envisager, la question était bien sûr très délicate. Dans quelle catégorie fallait-il placer la

Swatchmobile ? La catégorie de marché dite des « sub-compacts » correspondant aux véhicules de moins de 3,85 m de longueur et coûtant moins de 8 000 € fut retenue comme catégorie de référence. On la voyait croître fortement entre 1994 et 1998 pour plafonner vers 3 400 000 unités par an en 2004, ce qui permettait d'espérer des ventes de l'ordre de 200 000 véhicules par an à partir de 2001. Les principaux marchés européens pressentis étaient l'Allemagne, l'Italie, l'Espagne, la Suisse, l'Autriche, la Belgique, les Pays-Bas et la France, ce dernier pays paraissant particulièrement porteur avec des ventes pouvant atteindre 25 000 voitures par an dès l'an 2000. Il fut également décidé que, dans un deuxième temps seulement, il deviendrait opportun de développer les ventes aux USA, en Grande-Bretagne et en Extrême Orient avec des productions locales de voitures, en particulier pour la conduite à droite.

MUTATION DU PROJET SWATCHMOBILE EN PROJET SMART

smart : la complémentarité affirmée

Restait la question du nom, objet de nombreuses controverses entre Mercedes et Hayek. Mercedes trouvait excessive la référence à Swatch dans le nom de marque et recherchait un nom plus neutre. L'idée de reprendre les initiales des entreprises parentes ou de leurs marques, le S de Swatch et le M de Mercedes, fut retenue et combinée à Art, qui convenait bien à l'esprit du projet et à son concept. C'est ainsi que l'on aboutit à S-M-Art pour donner « smart » qui en anglais signifie élégant et intelligent. Une campagne de communication fut organisée sur l'origine de ce nom de baptême, mettant en avant la complémentarité des associés, entre les talents de Swatch en design, innovation et modernité, et les compétences de Mercedes en qualité, confort et sécurité. Nous sommes en

Swatch
Mercedes
Art
= smart

33

avril 1995 et la smart est officiellement née. Voici l'image qu'on s'en faisait alors, avant qu'elle ne devienne le véhicule que nous connaissons maintenant :

Des projets pour les futurs véhicules en 1995

La smart : une « subcompact » originale

Les caractéristiques techniques étaient celles d'une deux places de toute petite taille.

Les caractéristiques techniques telles qu'elles étaient affichées à cette date, en 1995 prévoyaient une deux places strictement égale au gabarit routier et pouvant éventuellement se garer perpendiculairement à un trottoir. Ses caractéristiques étaient les suivantes :

- longueur : 2,50 m,
- largeur : 1,45 m,
- hauteur : 1,55 m,
- charge utile : 220 à 240 kg,
- carrosserie en deux versions : « one-box » fermée, ou « open-air » décapotable,
- motorisation : 40 kW ou 55 CV en quatre versions : électrique, hybride, essence, diesel,

• équipements : airbags, ABS, boîte de vitesse automatique, vitres isothermes, commande électrique
des fenêtres, verrouillage centralisé, anti-démar-
rage électronique.

Par sa taille, elle appartiendrait à la catégorie des
« subcompacts ». Par ses modes de propulsion (électrique
et hybride), son rapport prestations/encombrement et les
possibilités de personnalisation qu'elle offrira (changement possible des panneaux plastiques extérieurs pour
environ 500 €, ou mieux, décoration avec les motifs du
client), elle sera tout à fait originale. Que d'innovations
dans le projet, mais sur lesquelles il faudra quelque peu
revenir devant les dures réalités du développement et de
l'industrialisation ! Restait son prix qui devait être compris entre 8 000 et 10 000 €, une fourchette assez haute
pour un véhicule qui ne serait toutefois pas dépouillé
d'accessoires, bien au contraire. Ce prix était supérieur à
celui qui caractérisait la catégorie des « subcompacts »,
mais en cohérence avec les cibles de clientèle visées.

Une perspective de services très innovants

Quant au concept de mobilité sur lequel l'équipe marketing communiquait beaucoup, il prit tout son sens à
l'énoncé de l'offre de services que l'on pensait associer au
véhicule. Ainsi, un service de « *pool-leasing* » permettrait
d'utiliser différents modèles Mercedes-Benz intégrés dans
un pool de véhicules mis à la disposition des clients pour
d'autres besoins. Un service de « *car-sharing* » permettrait, quant à lui, de mettre des voitures à la disposition
d'utilisateurs multiples préférant « *utiliser un véhicule
plutôt que de le posséder* ».

> La mobilité est au cœur de l'offre de services que l'on pense associer au véhicule.

Ces deux propositions, très originales, même si leur mise
en œuvre s'est révélée plus complexe que prévu, témoi-
gnaient, avec 4 ou 5 années d'avance, de visions avancées
sur la société de services dans laquelle nous devions entrer
et théorisées par Jeremy Rifkin à la fin des années quatre-
vingt-dix[2]. On voit d'ailleurs aujourd'hui les sociétés de

> 2. *L'Âge de l'accès : la révolution de la nouvelle économie*, éditions La Découverte, 2000.

3. La société
Europcar a lancé
un service de ce type
pour les particuliers
au début de l'année
2002.

location automobile traditionnelles proposer cette promesse de « *pool-leasing* »[3] qui s'impose plus lentement
que prévu ; les raisons ne tiennent pas à la demande mais
plutôt à la logistique nécessaire pour fournir ce type de
prestation.

Parmi les autres propositions, on soulignera le stationnement à prix réduit auprès de compagnies d'exploitation
de parkings, la mise à la disposition des clients de services
de navigation/guidage, de réservation, de transfert de
données, de communication… Enfin, on pensait offrir à
ces mêmes clients, à des conditions préférentielles, un certain nombre d'activités pour lesquelles la société nouerait
des partenariats (restaurants, clubs, magasins, salles de
sport…). La commercialisation, avec les services l'accom-
pagnant, est prévue pour le printemps 1998.

Un véhicule moderne au service de la mobilité

Le véhicule est
considéré comme
une composante
d'un art de vivre.

L'équipe marketing prépara ensuite les opérations de communication visant à installer la marque et le concept. Le
slogan « *reduced to the max* » fut lancé dans les magazines,
avec des prises de vues artistiques réalisées dans les principales villes européennes. Le véhicule y était clairement mis
en situation non pas en tant qu'objet au sens technique du
terme, mais en tant que composante d'un art de vivre. Ce
travail de communication autour du concept de mobilité
urbaine a atteint un sommet lors de l'Auto-Expo de Francfort en 1997. À six mois de la mise sur le marché, ce salon
très célèbre était d'une importance cruciale, d'autant plus
qu'il se situait en Allemagne, le terrain de Mercedes, où
l'on escomptait des ventes importantes. Depuis le début
de l'année HJ. Schär avait fait réaliser une plaquette destinée à être diffusée sur place et dont un extrait est présenté
en troisième de couverture. Cette plaquette avait tout d'un
magazine de mode et fort peu à voir avec la construction
automobile. Elle aurait pu être utilisée pour le lancement
d'une collection de bijoux, de vêtements, ou celle d'un
nouveau parfum. Pas d'images techniques, d'argumen-

taire sur le confort, la tenue de route, etc., mais des mises en scènes du véhicule dans des lieux urbains mondains ou décalés. Finies les vues classiques de Madame chargeant une montagne de valises dans le coffre, ou de Monsieur négociant ses virages : on était ailleurs, dans une ville moderne, dans un monde stylé où les gens sortaient et vivaient. Les photos avaient tout pour choquer et interpeller le lecteur. L'objectif était de faire de la smart l'emblème de la tribu des « branchés » ! C'était l'époque des concepts de marketing tribal. Si la voiture était destinée à devenir un signe d'appartenance, celle-ci serait la voiture des citadins européens « in ».

Les tendances du marché mises en avant par l'étude marketing.
• une croissance continue de la demande de différenciation sociale.
• une augmentation du taux des ménages possédant deux ou trois voitures.
• une disjonction entre différenciation sociale et pouvoir d'achat.
• une augmentation du nombre de célibataires et des « conducteurs seuls ».
• un allongement des itinéraires et des temps de trajet.
• des difficultés croissantes de stationnement.
• la montée des courants écologistes et environnementaux.
• le renforcement des contraintes réglementaires concernant le bruit, la consommation, les émissions polluants, le recyclage, etc...

Le pari était osé et Schär fit travailler ses équipes dans le plus grand secret sur ce document provocant. L'équipe marketing s'inquiétait de la réaction de Mercedes. N'avait-on pas franchi la ligne rouge de ce qui restait acceptable pour cette vénérable entreprise ? Cette somptueuse plaquette de près de 200 pages, présentée comme un magazine luxueux et destinée à être tirée à 1 000 000 d'exemplaires, n'allait-elle pas provoquer un clash de plus entre Hayek et Mercedes ? Pourrait-elle même être diffusée ? Juste avant de lancer l'impression, en juillet, HJ. Schär prit son courage à deux mains et déploya tous ses talents de persuasion pour présenter la maquette du document à J. Hubbert, le Directeur Général de Mercedes. Effectivement, la ligne rouge avait été franchie : après avoir feuilleté le document, J. Hubbert resta muet un instant puis déclara : « *Vous êtes complètement fou !* » Mais il laissa imprimer et diffuser les brochures.

Il restait maintenant à tenir les promesses et à réaliser la voiture !

Pages issues de la brochure diffusée à IAE Francfort 1997

Chapitre 4

MCC GmbH :
Le développement de la smart

« Ce fut un îlot d'apprentissage »

J. Tomforde, Pforzheim, le 23 mars 2001.

RENNINGEN, BASE DE LANCEMENT

*Le développement lancé à Renningen, le marketing
localisé à Bienne*

Revenons en avril 1994 : les trois co-gérants ont eu neuf mois pour s'approprier le concept, façonner les grandes lignes du projet et apprendre à travailler ensemble. Tout est à créer : le véhicule, bien sûr, mais aussi l'usine de production, les structures juridiques des différentes sociétés, leur montage financier, le recrutement, les organigrammes et les règles de fonctionnement, sans compter les relations avec les fournisseurs et la mise au point d'un planning très serré pour réaliser simultanément un maximum d'opérations (ingénierie concourante) tout en limitant les risques

Développement, usine d'assemblage, réseau de distribution, marque,… tout est à créer

associés à ce type de planification. Il est décidé que la société en charge du développement et de l'industrialisation serait établie à Renningen, à proximité siège de Mercedes, tandis que la localisation des activités de production et d'assemblage devrait d'abord être discutée avant que l'on puisse créer une société consacrée à la production et en réaliser le montage financier.

De la mi 94 à fin 95, le projet de développement est lancé à Renningen où s'implantent J. Tomforde et C. Baubin, et à Bienne où, nous l'avons vu, est localisé le marketing. HJ. Schär vient deux ou trois jours chaque semaine à Renningen pour participer à la réunion de la direction de MCC GmbH. Cette société a été créée en tant que filiale à 100 % de la société commune MC MCC, localisée à Bienne, en Suisse. Les dispositions du contrat de « joint-venture » de cette société commune précisent qu'au sein des deux sociétés opérationnelles qui doivent être créées, toutes les décisions seront prises à l'unanimité des 3 co-gérants (« *Geschäftsführer* »). Cette règle sera strictement appliquée par la suite au point, par exemple, qu'une décision d'achat d'agendas représentant environ 800 DM sera un jour refusée parce que l'un des co-gérants ne la trouvait pas appropriée. Au début des opérations, Renningen se trouve donc être de fait le siège des activités liées à la smart. Il était d'ailleurs convenu que, afin de gagner du temps, Tomforde y serait responsable du développement et de l'industrialisation.

Mains libres aux trois co-gérants pour le recrutement

Les co-gérants ne relevaient que du Conseil d'Administration.

Les trois « *Geschäftsführer* » ne relevaient que du Conseil d'Administration de MCC qui réunissait avec eux tous les trois mois MM Werner, Hubbert, Zetsche pour Mercedes-Benz ; N. Hayek et son directeur financier, M. Leutwiller, pour SMH. Comme, en raison du très grand nombre de décisions qui devraient être prises dans la phase de lancement qui s'annonçait, cette fréquence paraissait insuffisante, il fut décidé d'instituer des réunions relais entre les co-gérants et leurs « parrains » dans les entreprises parentes, J. Hubbert et N. Hayek. Ils se verraient ainsi tous les 15 jours pour les décisions majeures et les arbitrages.

Un des premiers soucis des trois dirigeants du « project team » fut d'organiser le recrutement. Ils eurent quartier libre pour cela et y consacrèrent un temps important durant toute la vie du projet. Pour favoriser la créativité et éviter de reproduire des modèles classiques, ils cherchèrent des jeunes (l'âge moyen, au début du projet, était de 27 ans) susceptibles de pallier leur manque d'expérience par leur dynamisme et leur imagination, autonomes (« *self-laüfer* »), entreprenants et créatifs, capables d'exercer leurs fonctions sans qu'il soit nécessaire de les guider en permanence. Ces jeunes recrues furent mêlées à un nombre limité de vieux renards de la firme Mercedes et à quelques personnes hautement qualifiées.

La « bio-haus » : symbole écologique

Un site particulier avait été réservé et aménagé pour la société MCC GmbH : une « *Bio-Haus* », construite en pleine nature à l'écart de l'établissement Mercedes ; elle symbolisait le modernisme et la dimension écologique du projet ainsi que son indépendance ! Cette « *Bio-Haus* » dans laquelle J. Tomforde installa ses équipes était un petit bâtiment tout de verre et de bois, construit dans le quartier résidentiel de la petite ville de Renningen au sud de Stuttgart, près des champs et de la forêt. Sur deux étages seulement, les bureaux vitrés et ouverts facilitaient les échanges, et le restaurant donnait sur un jardin où les équipes se retrouvaient après le repas. Loin des locaux de Mercedes, J. Tomforde avait souhaité rassembler dans ce « bocal » tous ceux qui allaient concourir à la réalisation du projet. Les contraintes de délais allaient imposer une forte pression qui serait compensée par la convivialité et le contact direct de tous avec le directeur du développement.

Tomforde avait souhaité rassembler tous ceux qui concourraient au projet sur un seul site à l'écart de Mercedes.

UN CONCEPT STRATÉGIQUE : UN NOMBRE LIMITÉ DE MODULES CONFIÉS À DES PARTENAIRES SYSTÈME

Le concept de module

Les études sont rapidement lancées.

Sous l'impulsion de Tomforde, les études furent rapidement lancées à Renningen. Au début il demande à ses jeunes collaborateurs de collecter toutes les idées nouvelles dans le monde en matière de conception, de développement et d'industrialisation dans le secteur automobile.

4. Un module est fondé sur la définition d'un sous-ensemble du véhicule, lié par un nombre minimal d'interfaces aux autres sous-ensembles, et participant à une ou plusieurs fonctions.

Depuis le début des années quatre-vingt-dix la notion de modules avait commencé à s'imposer chez les constructeurs automobiles[4]. Une organisation modulaire implique le découpage du produit en composants fonctionnels, lesquels sont munis d'interfaces leur permettant d'être couplés. On considère l'IBM 360 comme l'un des premiers produits conçu suivant ce principe. Ce mode d'organisation a des conséquences aux différents stades de la chaîne de valeur : conception, développement, industrialisation, assemblage et logistique. L'un des enjeux majeurs de ce mode d'organisation est la réduction du nombre d'interlocuteurs de premier niveau pour le constructeur/systémier qui assemble les modules.

La conception et le développement modulaires nécessitent une approche systémique. Ainsi les concepteurs travaillant sur des modules spécifiques doivent-ils s'assurer de la compatibilité de ceux-ci avec le système global du produit et de leur possibilité d'intégration dans ce système. Dans l'industrie automobile, cette modularisation est particulièrement complexe en raison des nombreuses interdépendances comme par exemple entre le bruit, les vibration et la stridence. Dans cette industrie, les principaux modules sont le tableau de bord (dont la climatisation et les air-bags), le cockpit, les faces avant et arrière, les portes ou hayons, les sièges, l'ensemble moteur/boîte de vitesses/suspension, et le châssis.

44

L'une des conséquences importantes de l'organisation modulaire est l'enrichissement des fonctions dévolues aux fournisseurs et équipementiers. Leur participation à la chaîne de valeur s'en trouve considérablement étendue dans la mesure où ils assument la création, l'industrialisation, la production et la livraison des modules dont ils ont la charge. Cette tendance s'inscrit dans le mouvement de désintégration verticale que connaît l'industrie automobile depuis 30 ans. On estime ainsi aujourd'hui à 70 % la part de la valeur ajoutée d'un produit automobile attribuable aux fournisseurs. L'organisation modulaire permet ainsi d'optimiser le tryptique propre à l'industrie automobile de l'économie d'échelle, de l'économie de vitesse et de l'économie de variété[5].

5. Cf. « *L'ancrage des fournisseurs sur les sites de production des constructeurs automobiles* ». Sophie Renault, Université de Caen, 2001

Si, en 1995, il y avait encore peu de systèmes modulaires de production dans l'industrie automobile, on commençait à parler de l'expérience de Volkswagen à Resende, au Brésil, et surtout de celle qu'avait réalisée ce même groupe dans la réorganisation de ses usines Skoda en Tchéquie. Par ailleurs, l'organisation modulaire était chère à N. Hayek qui avait bâti toute l'industrialisation de la Swatch sur ce principe, ce qui lui avait permis d'automatiser complètement l'assemblage de la montre. J. Tomforde était lui aussi convaincu de l'intérêt de ce mode d'organisation du développement et de l'assemblage.

Des partenaires responsabilisés

Le principe retenu ici était de confier les modules à des partenaires qui en assumeraient toute la responsabilité, participeraient à leur conception et en réaliseraient la production. Cette notion était très séduisante car elle présentait pour le constructeur les avantages suivants, si le nombre de modules était assez réduit :

Le principe était de confier les modules à des partenaires qui en assumeraient toute la responsabilité.

- réduction des investissements d'étude et de production et concentration des ressources sur les éléments stratégiques de la chaîne de valeur du

constructeur (innovation produit, design, assemblage, qualité, logistique, relation client…),
- réduction du nombre de fournisseurs, et donc
simplification de la gestion, réduction des coûts de
transaction et des coûts logistiques,
- amélioration de la souplesse pour des variantes du
produit final grâce au système dit de différentiation
retardée, les modifications étant concentrées sur un
seul module à la fois,
- possibilité de convaincre les fournisseurs de
s'implanter à l'intérieur du site du constructeur en
contrepartie d'un accroissement de leur valeur
ajoutée et d'une diversification en aval,
- réduction de la durée d'assemblage pouvant aller
jusqu'à 50 % par rapport à des modes d'assem-
blages plus conventionnels.

L'un des facteurs clés du succès de ce nouveau modèle
d'organisation résidait dans la qualité des liens et des relations à mettre en œuvre avec les équipementiers de premier rang. Sur ce point, J. Tomforde pouvait bénéficier
du réseau des fournisseurs de Mercedes.

L'approche pragmatique de J. Tomforde

Les modules sont
définis en fonction
des spécialités et
des capacités des
fournisseurs.

6. À la date de
ces décisions, une
usine de montage
automobile type en
Europe réalisait
l'assemblage de 200
à 400 sous-systèmes
et composants.

Mais si la notion théorique est claire, et bien-sûr très
séduisante, le découpage en modules peut se révéler particulièrement complexe. Jusqu'où peut-on descendre : 50,
25, 12 modules[6] ? L'approche de J. Tomforde fut très
pragmatique : il prit en considération les logiques fonc-
tionnelles et industrielles, mais aussi et surtout les spécialités et les capacités des fournisseurs. Plusieurs séries de
questions liées aux équipementiers et fournisseurs pressentis jouèrent un rôle majeur dans les décisions relatives
aux périmètres des différents modules. Le fournisseur
envisagé avait-il les compétences nécessaires pour assumer
la responsabilité d'un module ? Le module avait-il une
taille suffisante pour attirer tel partenaire et justifier les
charges fixes et les surcoûts qu'il générait ? Ce mode de

décision fit d'ailleurs que le nombre et le périmètre des modules varièrent dans le temps, comme nous le verrons au chapitre XIII. L'important était de choisir le bon partenaire et de le convaincre, sachant que sa responsabilité d'équipementier-partenaire serait engagée à la fois dans le développement et l'assemblage, en co-responsabilité avec MCC-GmbH, ce qui, à l'époque, était vraiment nouveau[7]. À chacun des modules, qualifiés de « systèmes » par Tomforde, correspondait une équipe de développement conjointe MCC/équipementier.

Pour approcher les partenaires potentiels, J. Tomforde va partir d'une logique d'efficacité *a priori*. Il prévoit un premier découpage ainsi :

1. carrosserie,
2. cockpit et sièges,
3. propulsion : moteur, embrayage, transmission,
4. direction, freins, suspension,
5. électronique, électricité,
6. assemblage et finition,
7. design,
8. achats et logistique,
9. module avant.

Ce découpage initial allait évoluer, mais il fallait constituer une base de travail acceptable pour lancer la recherche des partenaires. J. Tomforde fit le pari qu'ils accepteraient un niveau de responsabilité beaucoup plus important que celui auquel ils étaient habitués. C'était tout de même leur demander de devenir des assembleurs intermédiaires totalement intégrés au développement et à la production. C'était aussi leur demander de gérer eux-même les relations avec un nombre très important de fournisseurs souvent nouveaux pour eux. Tout cela était certes déjà un peu dans l'air du temps avec les pratiques de *« just in time »* et de parc industriel, mais J. Tomforde souhaitait pousser cette logique le plus loin possible, tout comme N. Hayek était parvenu à le faire dans l'industrie horlogère.

7. L'organisation modulaire a été mise en place aujourd'hui par la plupart des constructeurs automobiles, mais avec un délai de 3 à 5 ans par rapport à la date du lancement du développement de la smart. Ce n'est ainsi qu'en 2000 que l'on peut considérer que Renault a adopté une organisation modulaire dans son unité de Sandouville.

Une structure en « œuf »

Chacun est incité
à raisonner en
entrepreneur.

Pour favoriser les échanges et la réactivité, il fut décidé que la structure hiérarchique ne compterait que trois niveaux : les gérants (« *Geschäftsführer* »), les chefs de projet (« *Team-coach* ») et les employés (« *Mitarbeiter* »). Chacun disposerait d'un accès immédiat à la hiérarchie et serait ainsi responsabilisé, incité à raisonner en entrepreneur. La coordination globale se ferait au niveau des « *Geschäftsführer* ». Le personnel fut réparti en groupes de travail ou « *teams* » qui correspondaient aux modules. Neuf « *teams* » cohabitèrent donc dans ce « *Bio-Haus* ». Ces équipes pluridisciplinaires regroupaient des responsables du design, du développement, de la production, des achats, et bien-sûr des représentants des équipementiers, dans une configuration particulière ; celle-ci n'était possible que dans le cadre des relations très fortes qui se mettaient en place avec les « partenaires-système » (pour reprendre la terminologie MCC). Se créa ainsi, selon les termes de J. Tomforde, une « *Eierkultur* » et une organisation informelle qui ne peut être représentée que par des schémas dont les figures ont nécessairement des frontières incertaines.

LA STRUCTURE EN ŒUF

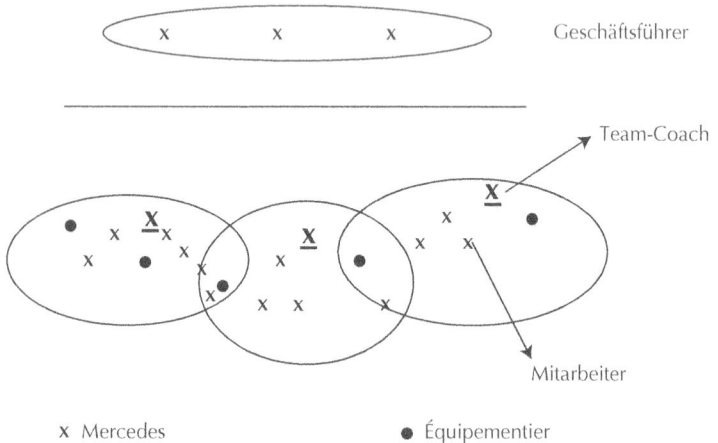

x Mercedes   ● Équipementier

La structure en œuf promue par Tomforde

J. Tomforde décida de limiter la taille des effectifs qui seraient impliqués dans le projet afin de faciliter la créativité et la coordination. Il souhaita pouvoir maintenir un contact direct et immédiat avec tous les opérateurs présents sur le site. Il fit ainsi en sorte de maintenir les effectifs des équipes entre 150 et 200 personnes pendant toute la durée du développement, ce qui correspond à un effectif trois à quatre fois inférieur à celui qui est habituellement requis pour l'étude d'un nouveau véhicule.

Une dynamique de commando

J. Tomforde était responsable à la fois de la conception du véhicule et de son industrialisation. Il allait chaque jour d'une équipe à l'autre, arbitrait les discussions, et transmettait directement ses idées et sa vision du projet. Comment, avec un effectif 3 ou 4 fois inférieur aux normes habituelles, fut-il possible de concevoir le produit et son industrialisation en deux ans et demi, malgré d'inhabituelles contraintes financières ? En fait, cet effectif réduit fut un atout : il permettait de raccourcir les circuits de décision. Avec le recul, J. Tomforde considère aujourd'hui que la taille réduite de ses équipes a conditionné la réussite et le faible coût du projet. N'oublions cependant pas qu'une partie substantielle du développement était réalisée par les partenaires systèmes. L'activité de Renningen était concentrée sur la conceptualisation, la détermination des spécifications, et la coordination.

La taille réduite des équipes a conditionné la réussite du projet.

J. Tomforde y avait apporté ses méthodes de travail préférées : le « workshop » et « métaplan ». Le « workshop » était une réunion de 2 jours, par équipe, dans un cadre informel, et à laquelle lui-même participait bien souvent. Le « métaplan » consistait à utiliser de grands tableaux sur lesquels chaque participant venait positionner son idée avec un *sticker*, ce qui permettait de se « désapproprier » les idées, de les collationner sans les perdre, de les classer. Pour dynamiser le travail il fut convenu que, pendant les réunions courantes, tous devraient se tenir debout : cela ne durerait pas plus d'une heure ! En même temps, un grand souci était apporté à la convivialité : arrivées, départs, tout était prétexte à « pot » pour se retrouver dans une atmosphère informelle.

J. Tomforde paraît avoir généré ainsi une énergie exceptionnelle sur le site de Renningen. Tous les interlocuteurs du projet témoignent de l'esprit pionnier, de l'engagement, et de la volonté de gagner qui l'animait. On nous a cité le cas de ce technicien qui, ayant besoin rapidement d'un équipement se trouvant dans une ville à plus de 300 km, prit sa voiture le soir même et sans prévenir personne, revint avec la pièce le lendemain matin, gagnant ainsi deux jours par rapport à une livraison normale de l'équipement ! Les participants rencontrés bien après le projet disent effectivement regretter cette période. Plus tard, quand le projet fut terminé, beaucoup refuseront de rejoindre les équipes de développement de Stuttgart ne voulant pas se faire « mercediser ». De nombreuses innovations sortiront de cette *« Bio-Haus »* et de multiples brevets y seront déposés à l'occasion des travaux conduits pour mettre au point la smart.

Partie 2

Des partenariats pour financer, produire et distribuer la smart

Chapitre 5

MCC France : portage et financement de la production

« La possession du capital physique, jadis solidement établie au cœur de la société industrielle, devient de plus en plus marginale pour la vie économique. »

Jeremy Rifkin, 2000

Parvenir à financer l'usine d'assemblage va constituer un enjeu clé du projet. Les montants en jeu sont considérables, l'unité de compte est la centaine de millions d'euros. La joint-venture est certes l'œuvre de parents illustres, mais elle reste peu capitalisée et elle porte l'intégralité du projet. Il est évident que SMH n'a pas de possibilités financières à la hauteur des financements requis pour créer une usine d'assemblage automobile et qu'il est, par ailleurs, difficile d'imaginer Mercedes finançant un projet dont elle n'a pas pleinement le contrôle. Bien sûr, il y a les subventions mais elles sont limitées et la Commission Européenne veille au grain. Les partenaires-système peuvent être sollicités, mais jusqu'où peut-on leur demander de financer des infrastructures d'assemblage ? Il est plus que probable que leur éventuelle contribution à ce financement ne suffira pas. À la mi-94, les trois co-gérants n'ont certainement pas la moindre réponse à toutes ces interrogations. S'ils veulent réussir, ils devront être entreprenants et inventer de nouvelles modalités de portage financier.

La question du site d'assemblage n'est pas décidée à la mi-94.

Auparavant, il faut procéder au montage juridique de la société de production et pour cela il faut connaître le pays dans lequel on réalisera l'assemblage de la smart. Or, à la mi 94, rien n'a encore été décidé sur ce point.

LOCALISATION DE L'USINE D'ASSEMBLAGE

La localisation d'un site : préalable à la création de la société de production

Les délais sont extrêmement serrés.

Parallèlement au lancement des études à Renningen ont lieu les premières discussions concernant la localisation de la future unité de production, préalable au montage juridique et financier de la société qui sera en charge de la production. Ces discussions se tiennent entre les trois co-gérants et M. Thomas, nommé chef de projet de l'implantation de l'usine, M. Schuster, responsable de la Gestion de Production chez Mercedes, et le conseil du maître d'ouvrage pour la construction, M. Chevrier. Le « kick-off meeting » de la localisation de l'usine a lieu le 9 mai 1994 entre ces six responsables. Tout autant que pour le développement, les délais sont extrêmement serrés : il faut en effet pouvoir commencer le plus rapidement possible la construction de l'usine si l'on veut commercialiser les premières voitures au printemps 1998.

Il est décidé de confier la recherche de sites à une équipe de cinq jeunes cadres, avec trois critères principaux : les coûts de main d'œuvre, les coûts de logistique et les subventions. En juin 1994, 74 localisations potentielles sont identifiées aux quatre coins de l'Europe, de la République Tchèque aux Pays-Bas. Une « short-list » de 25 sites est alors établie, dans laquelle on trouve, pour l'Allemagne, les noms de Fillingen, à proximité du site Mercedes de Stuttgart, et de Saarbrücken, et, pour la France, ceux d'Onnaing où s'implantera Toyota, de La Rochelle où M. Quentin, Ministre de la Mer, cherche un repreneur pour un ancien site d'Alsthom, de Molsheim, la capitale de Bugatti que promeut le député alsacien Daniel Hoeffel, et de Hambach où Gérard Longuet, Président du Conseil Régional, défend une Lorraine sinistrée par la fermeture des Houillères du Bassin de Lorraine (HBL) et la disparition d'une bonne partie de l'industrie sidérurgique.

Le choix de Hambach

Francophile et homme d'affaires avisé, N. Hayek déploie de son côté un lobbying intense auprès de tous les responsables politiques afin de faire jouer la concurrence et d'obtenir les meilleures conditions. Il s'attache à faire monter les enchères. Six mois plus tard, trois sites restent en lice, lorsque le Conseil d'Administration de MCC se réunit le 20 décembre 1994 pour trancher et décider. Le site de Hambach l'emporte haut la main. Cette localisation présente en effet toute une série d'avantages déterminants.

Le site de Hambach l'emporte haut la main.

Tout d'abord, Hambach est située en France, que l'on pense être un des premiers débouchés pour la smart. La France est en effet considérée comme un pays où le marché des petites voitures est parmi les plus dynamiques d'Europe. En même temps, Hambach, c'est aussi un peu l'Allemagne. En effet, quasi-banlieue de Saarbrücken, Hambach est à 5 km de la frontière allemande et à environ 2 heures de Stuttgart, ce qui facilitera la coordination avec Renningen et avec le siège de Mercedes. Le dialecte local, le « *Platt* », parlé par plus de 60 % de la population est très proche du « *Platt Deutsch* » allemand, ce qui favorisera la communication entre le personnel local et celui de Mercedes. Cette forte proximité culturelle est perçue comme un atout important. Et puis, Hambach est située au cœur de l'Europe économique et connectée à l'autoroute A4. C'est donc là une implantation qui permettra d'optimiser de manière très significative les coûts de logistique. On y prévoit des frais de transport nettement moindres que pour les usines du groupe Mercedes. On estime ainsi pouvoir contenir ces coûts logistiques à moins de 100 euros par véhicule au lieu de 350 habituellement !

À Hambach, les coûts de la main d'œuvre sont de 14 % moins élevés que dans la Sarre, à quelques kilomètres au nord. D'autre part, les perspectives de subventions y sont très importantes. Gérard Longuet a en effet promis jusqu'à 90 millions d'euros pour 1800 créations d'emplois, soit à peu près 50 000 euros par emploi, c'est-à-dire autant que pour Eurodisney à Marne la Vallée qui avait pourtant établi un record en la matière ! Gérard Longuet dira d'ailleurs plus tard lors d'une émission télévisée : « *Nous avions les poches les plus profondes des régions encore en lice et nous étions unis et déterminés pour gagner cette implantation* ». Ces subventions prendront plusieurs formes : prime d'aménagement du territoire, aide à l'immobilier d'entreprise, exonération de la taxe professionnelle, aide à la protection de l'environnement, aide à l'acquisition foncière, aide à l'aménagement, aides à l'embauche et à la formation, etc.

Le site choisi, il va maintenant être possible de procéder à la création de la société de production MCC France et à son montage financier. Cette société de droit français sera enregistrée au Registre du Commerce de Sarreguemines le 31 décembre 1995. Entre-temps, les trois co-gérants, avec C. Baubin en première ligne, vont s'attacher à créer une structure financière qui soit la plus efficace possible pour les deux actionnaires, permettant de réunir les capitaux nécessaires au financement des investissements et limitant les mises de fond de SMH et Mercedes.

Le montage financier de la société de production

Une participation publique au capital de MCC France

Le premier objectif va consister à chercher à minimiser la capitalisation de MCC France. La société devait pouvoir être lancée avec un capital de 100 MF, et s'il était possible d'associer un partenaire dormant à ce capital, ce serait encore mieux, à la fois pour SMH et pour Mercedes qui appuiera constamment C. Baubin dans toute proposition de montage limitant l'apport de capitaux. Le projet d'associer la région Lorraine, sous une forme ou une autre, au capital de MCC France, se concrétise assez rapidement. Cette possibilité a fait partie des critères de choix de la localisation. L'association avec la région ressemblera d'ailleurs au modèle de Volkswagen, société dont le Land de Basse-Saxe est l'un des actionnaires. Le modèle rhénan du capitalisme s'accommode fort bien de participations publiques quand cela lui est utile ! Ce sera donc la SOFIREM, filiale des Charbonnages de France, destinée à favoriser la reconversion du bassin houiller à travers la création d'entreprises porteuses d'emplois, qui remplira ce rôle de partenaire financier minoritaire. La SOFIREM prendra donc une participation de 25 % au capital de MCC France, Mercedes prenant 38 % et SMH 37 %.

MCC – France

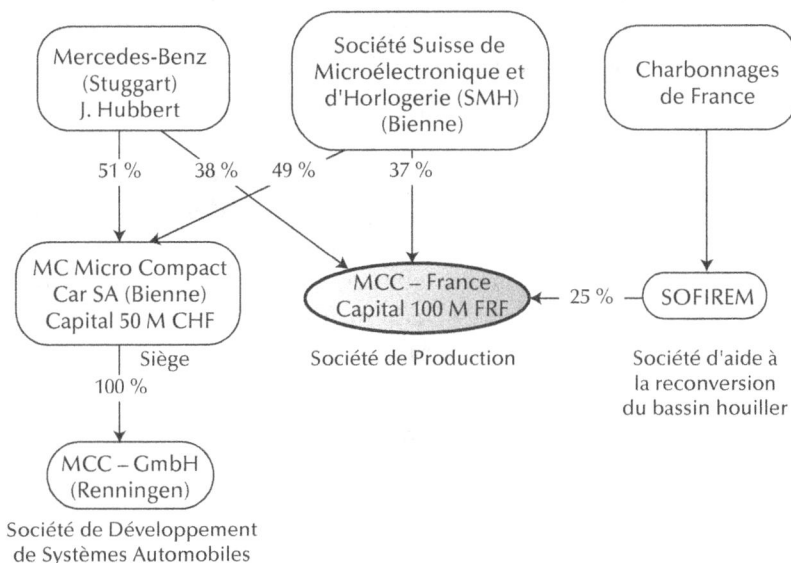

Création de la société MCC France entre Mercedes, SMH et la SOFIREM

L'idée de C. Baubin : une ingénierie financière exploitant le levier fiscal

Quels banquiers et quels fournisseurs s'engageront dans une telle entreprise ?

Mais le véritable coup de maître n'est pas dans l'association significative d'un partenaire public au capital de la société : il est bien dans la faible capitalisation elle-même ! Comment en effet peut-on réussir le tour de force de lancer une véritable usine de production de véhicules avec un aussi petit capital ? 400 à 450 millions d'euros, soit entre 2,6 et 3 milliards de francs : tels étaient, au début du projet, les besoins estimés pour le financement global de la production et de l'assemblage. Une capitalisation de 100 MF (soit 15,25 M€) apparaît comme totalement dérisoire relativement à ces besoins. Quels banquiers et quels fournisseurs pourraient accepter de s'engager dans une entreprise aussi insensée, même avec la caution d'entreprises parentes prestigieuses ? Pour parvenir à cela, le Dr Baubin, qui a une longue expérience des montages financiers, échafaude un portage financier unique en Europe.

C. Baubin a en tête une idée courante pour le financement de grands projets ou d'équipements lourds comme les avions ou les bateaux, mais encore peu utilisée dans les secteurs industriels traditionnels. Il s'agit de ce que l'on nomme le « tax leverage financing ». Le principe en est apparemment simple : il s'agit de créer un montage financier entre des entreprises qui dégagent des déficits afin que des sociétés structurellement en profit puissent consolider ces déficits par le biais de prises de participation. Ces dernières réduisent ainsi le niveau de leur imposition tout en devenant, le cas échéant, progressivement propriétaires des entreprises déficitaires. Voilà pour l'idée de base.

Il faut un « arrangeur financier »

Reste à trouver les partenaires qui accepteront de jouer un tel jeu. Or, nous sommes en France et les acteurs clés du projet, suisses et allemands, sont peu connus des centres de décision politiques et économiques. Ajoutons à cela que le projet industriel est encore très flou et que l'on perçoit toujours le risque d'échec quand plusieurs sociétés sont co-impliquées à parité dans une affaire. On peut en effet légitimement s'interroger pour savoir qui porte en dernier ressort le projet. Mercedes est certes une entreprise respectée, mais engagée à 38 % seulement dans cette affaire, et dans un pays qui n'est pas le sien. Rien de plus facile, dans un tel contexte, s'il y avait trop de problèmes, que de jeter l'éponge ! Après tout, J. Schrempp, patron de DASA, la division aéronautique de Daimler Benz, décidera bien, un peu plus tard, l'abandon et la mise en faillite immédiate, du jour au lendemain, de la société néerlandaise de construction d'avions Fokker, rachetée par DASA quelques années auparavant ! Cette décision, que les autorités néerlandaises pensaient inimaginables de la part d'une firme aussi importante que DASA, fut prise en l'espace de quelques semaines pour raison de déficit structurel incompressible. BMW, dans le secteur automobile, fera la même chose en Angleterre avec Rover. Les mises en faillite de sociétés par les grands groupes industriels, y compris allemands, sont loin d'être une fiction.

Mais le Dr Baubin sait qu'il n'a pas d'autres solutions que le portage financier et le partage des risques s'il veut que cette société MCC France voie le jour. Il fait le tour des banques d'affaires françaises et allemandes et présente inlassablement son idée. Il finit par rencontrer un « arrangeur financier » qui s'attache à son projet : il s'agit de Bertrand Grünewald, du Crédit Commercial de France (CCF). Ce dernier accepte de réfléchir à tous les scénarios possibles de portage. Étant donné la taille du projet, il estime que seuls des établissements financiers peuvent se lancer dans une telle affaire. La difficulté est qu'à cette époque le système bancaire français se porte très mal : la chute de l'immobilier entraîne le Crédit Lyonnais dans des pertes abyssales, la Banque Stern fait faillite, et peu de ses consœurs sont épargnées par la crise. Seuls le Crédit Agricole et les Caisses d'Épargne se trouvent en situation bénéficiaire. Le premier décline les propositions, mais Grünewald parvient à convaincre les Caisses d'Épargne de s'intéresser au projet. Il leur propose alors un dispositif à trois temps leur permettant de diminuer leur niveau d'imposition en remontant des pertes pendant les premières années d'exploitation.

UN DISPOSITIF TRÈS ORIGINAL

Le montage du « tax leverage financing »

Vingt Caisses d'Épargne vont créer un consortium avec le CCF.

Le premier temps serait celui de la création d'un consortium de vingt Caisses d'Épargne autour du CCF, celles-ci finançant minoritairement le projet en participant à un fonds de 52M Euros. Le second temps verrait l'apport de ce fonds à une société de leasing qui serait créée pour louer aux industriels leur équipement de production. Un GIE (Groupement d'Intérêts Economiques) appelé « *Spring Rain* » serait ainsi constitué avec ces premiers partenaires dans le but de construire et de vendre en leasing sur 12 ans un ensemble industriel qu'il amortirait de manière dégressive. En un troisième temps, un contrat de location-vente sur 12 ans serait mis au point entre le GIE et MCC France pour les investissements immobiliers et pour les outillages, avec des loyers calculés en amortissements linéaires, MC MCC, à Bienne, se portant garant de son exécution. Au terme des 12 ans, des contrats d'options de type « *put* » et « *call* » permettront à MCC France de devenir éventuellement propriétaire de l'investissement.

Ce « *tax leverage financing* » présente ici une série de particularités qui le rendent très original. Tout d'abord le montant réuni par le premier niveau de partenaires (52 millions d'euros) est très insuffisant pour un projet d'une telle envergure. Il est donc nécessaire de lui adjoindre un prêt. Celui-ci est consenti au consortium à hauteur de 300 millions d'euros par un pool de 70 banques, sous la conduite de la Deutsche Bank du Luxembourg, et garanti par le groupe Mercedes-Benz. La seconde particularité de ce montage est l'implication des Caisses d'Épargne.

Celles-ci sont en effet des banques locales très décentralisées, plus habituées à une clientèle de petits épargnants et de petites entreprises qu'à de grandes affaires industrielles et internationales ; ce sont encore, dans les années 95-96, de petites entités indépendantes, chacune étant libre de décider ou non d'adhérer au dispositif. Il faut donc les convaincre une à une, et le rôle fédérateur du CCF est en l'occurrence déterminant. C'est donc après d'interminables discussions que se termine, un jour de l'été 1996, à 4 heures du matin, la séance de signature des différents contrats réunissant tous les acteurs pressentis pour le financement de ce projet.

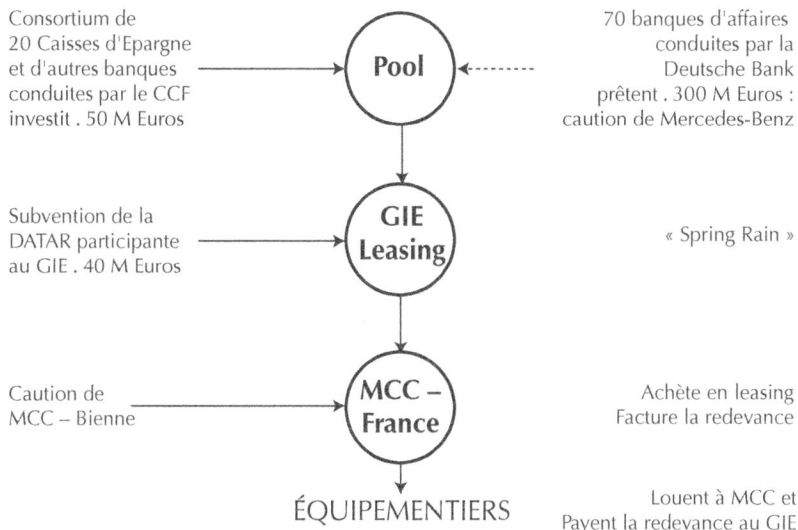

Consortium de
20 Caisses d'Epargne
et d'autres banques ──────► **Pool** ◄- - - - -
conduites par le CCF
investit . 50 M Euros

70 banques d'affaires
conduites par la
Deutsche Bank
prêtent . 300 M Euros :
caution de Mercedes-Benz

Subvention de la
DATAR participante ──────► **GIE Leasing**
au GIE . 40 M Euros

« Spring Rain »

Caution de
MCC – Bienne ──────► **MCC – France**

Achète en leasing
Facture la redevance

ÉQUIPEMENTIERS

Louent à MCC et
Payent la redevance au GIE

L'ingénierie financière du montage de MCC France

Autre originalité du montage : un opérateur public, la DATAR apporte 40 MF au GIE. Par cet intermédiaire, les pouvoirs publics français deviennent donc une deuxième fois actionnaires dans cette opération, mais moins directement que par les biais de la participation de la SOFIREM au sein de MCC France. Les pouvoirs publics subventionnent ainsi un organisme qui n'est immédiatement ni créateur d'emploi ni investisseur, ce qui n'est pas conforme aux règles européennes… Il faut toute la ténacité de C. Baubin pour faire reconnaître que ce financement participe solidairement à un projet global visant à créer 2 000 emplois et à mobiliser près de 3 milliards de francs (450 M€) pour parvenir finalement à obtenir les autorisations.

Les négociations avec les pouvoirs publics français

Ce montage fera jurisprudence.

Mais le montage financier dans son ensemble pose problème au Ministère français des Finances. Ce dernier ne tolère pas, en principe, le « *tax leverage financing* », contrairement à des pays plus accueillants comme l'Irlande. La Direction du Trésor du Ministère des Finances juge donc qu'il n'y a pas de structure en France à laquelle attribuer les pertes du GIE. Comme le Docteur Baubin a négocié avec les banques fondatrices de partager le bénéfice fiscal qu'elles trouveront dans cette opération à raison de 80 % pour elles et de 20 % pour MC MCC, sous forme d'une réduction du taux d'intérêt du leasing inférieur au « Libor » du moment, le Trésor estime que cela viendra s'ajouter à toutes les subventions déjà accordées à ce projet et que l'ensemble des aides dépassera la norme de 17 % autorisée par la Commission Européenne. Mais le montage finit par être autorisé par les autorités grâce à l'entregent du CCF. Ce cas fera même par la suite jurisprudence pour les financements d'infrastructures en France.

Au terme de ce montage, C. Baubin est ainsi arrivé à rassembler près de 100 partenaires financiers, solidaires autour de l'usine de Hambach, sans que les industriels exploitants ne s'endettent pour posséder les actifs correspondants. Par ce dispositif, il a permis aux partenaires industriels de ne pas financer leurs investissements de production sur le site (bâtiments ou équipements) et de bénéficier des excellentes conditions de leasing organisées par MC MCC. Les industriels n'ont plus qu'à spécifier leurs besoins, MC MCC achetant en leasing les équipements et les leur louant ensuite de manière transparente, eux-mêmes devant ensuite payer directement au GIE les redevances mensuelles. Au terme du bail, MCC France pourra donc se retrouver propriétaire de l'usine sans avoir à supporter la dette pendant les premières années. Enfin, par ce montage, C. Baubin a fait évoluer la réglementation française, voire européenne, en poussant à un niveau jusqu'ici inconnu le portage financier d'un projet industriel de grande envergure par des partenaires publics et privés.

Finalement, MCC France aura ainsi bénéficié d'aides financières que l'on peut estimer à plus de 78 M€ (515 MF)[8] d'euros pour un projet global initialement chiffré à 430 M€ (2 800 MF). Belle performance à laquelle il convient d'ajouter les 3,8 M€ (25 MF) de la SOFIREM en tant que participation au capital de MCC. Un parrainage aussi complexe peut-il tenir alors que le produit n'existe pas encore et que les premiers signes de désaccord entre les équipes de N. Hayek et Mercedes sur la définition technique du véhicule s'annoncent ? Mais à Hambach, l'heure n'est pas aux doutes : il s'agit de construire une usine ultra moderne et surtout ultra productive en moins de 2 ans, de recruter le personnel, de le former et d'associer des équipementiers à cette aventure technique, industrielle et commerciale. S'annoncent alors deux années de chantier avec l'aménagement d'un vaste terrain de 70 hectares et la construction d'une nouvelle usine. Tout cela porté par une structure d'une taille de PME avec ses 15 millions d'euros en fonds propres !

8. Aides financières publiques reçues par MCC France : 235 MF de subvention au titre de la prime d'aménagement du territoire, 200 MF de subvention au titre de l'aide à l'immobilier d'entreprise, 20 MF d'exonération de la taxe professionnelle, 30 MF de subvention pour la protection de l'environnement, 30 MF d'aides diverses à la formation (cellule emploi-formation de préparation au travail de chômeurs longue durée).

Chapitre 6

Transformer des fournisseurs en associés

« Nous voulions monter un partenariat qui réussisse parce que chacune des parties prenantes y était gagnante. »

C. Baubin,
Paris, le 29 mars 2001

CONVAINCRE LES ÉQUIPEMENTIERS

Les termes du « deal »

Le montage financier de la société de production est assuré, le site est localisé et le développement du véhicule est lancé : ce sont maintenant les défis du partenariat industriel qui s'annoncent. Si la smart se positionne comme un objet marketing post-moderne, la réalité industrielle se profile et annonce des relations entre assembleur et équipementiers qui ont quelque chose de nouveau. Le concept de partenariat a été beaucoup galvaudé dans les milieux d'affaires car il a souvent été utilisé comme le faux nez

Les défis du partenariat industriel s'annoncent.

d'une relation commerciale de domination entre un « donneur d'ordres » et ses fournisseurs. On peut imaginer le scepticisme de certains équipementiers face au projet qui leur est présenté par J. Tomforde ! Et pourtant, il va réussir assez vite à constituer son tour de table.

J. Tomforde s'intéressa tout naturellement en priorité au vivier des équipementiers habituels de Mercedes. Ces derniers étaient, pour la plupart, suffisamment solides financièrement pour être en mesure d'investir dans cette affaire. Le problème était de les convaincre de prendre des risques sur un projet tout de même encore assez flou dans les années 94 et 95 ! Quels ont pu être les termes du « *deal* » proposé ? J. Tomforde leur offrait l'opportunité d'un accroissement de leur valeur ajoutée (étant donné la taille des modules) et d'une diversification potentielle de leurs activités vers l'aval, tout cela sans mise en concurrence ; de plus, il les invitait à être associés très étroitement à la conception et la réalisation du projet dans sa totalité. Il leur proposait en revanche d'entrer dans une organisation où ils devraient réguler directement leurs relations avec les autres partenaires systèmes ainsi qu'avec MCC ; il leur demandait également de prendre en charge des responsabilités de développement pouvant atteindre des dizaines de millions d'Euros et de mettre du personnel à la disposition de ses équipes dans la base de Renningen. Ils devaient prévoir une implantation industrielle sur le site de MCC, à l'intérieur de l'unité d'assemblage ! Enfin, « *last but not least* », ils devaient accepter de participer au risque commercial du lancement d'un produit ouvrant un nouveau marché. Ils deviendraient « partenaires-système ».

Quelques exemples d'associations clients/ fournisseurs

Un nouveau modèle de relation avait été initié au Brésil.

Ce degré inédit d'implication demandée aux équipementiers constitue une rupture par rapport à la relation traditionnelle client/fournisseur. Habituellement, le client définit son

Les différents types de relation entre constructeur et fournisseurs dans l'industrie automobile suivant l'intensité de leurs liens[10]

L'industrie automobile a toujours été à la pointe de l'innovation organisationnelle. Les différentes formes de proximité des fournisseurs avec les unités d'assemblage des constructeurs ont fait l'objet d'une classification suivant l'intensité des liens créés entre les fournisseurs et le constructeur. La livraison en **« juste à temps »** des fournisseurs à partir d'usines généralement situées à proximité du site du constructeur a constitué une première forme d'association des fournisseurs et des constructeurs. Ces pratiques nécessitent notamment des intégrations de systèmes d'information (EDI).

La mise au point de **parcs industriels** fournisseurs a constitué une deuxième étape : dans un espace situé à proximité de l'usine du constructeur, sont regroupés plusieurs équipementiers qui livrent des pièces ou des modules en « kanban » et/ou flux synchrones. Un tel parc peut regrouper plusieurs sites avancés fournisseurs (SAF). Un SAF réserve son activité au constructeur. Lorsqu'ils n'exercent qu'une activité de stockage intermédiaire et de livraison, on appelle ces sites « magasins avancés fournisseurs ». Les experts nomment **« condominium industriel »** l'unité d'assemblage traditionnelle d'un constructeur automobile à laquelle s'intègre un parc industriel fournisseurs et/ou un ou des sites avancés fournisseurs. À l'intégration des systèmes d'information s'ajoutent des pratiques de co-développement entre fournisseurs et constructeurs des pièces ou des modules livrés.

Le concept de **consortium modulaire** est utilisé pour qualifier le transfert des opérations d'assemblage réalisées traditionnellement par le constructeur vers les fournisseurs. Ces derniers sont alors rassemblés en un site industriel partagé où ils financent tout ou partie de leurs propres besoins en équipement. Le modèle de paiement peut inclure des modalités de répartition des marges réalisées en aval ou des garanties de couverture des frais fixes. Dans cette organisation, le constructeur devient un intégrateur de modules. Le site de production de Volkswagen à Resende au Brésil constitue un exemple de consortium modulaire tout comme celui de MCC à Hambach.

10. Cf. *« L'ancrage des fournisseurs sur les sites de production des constructeurs automobiles »*. Sophie Renault, Thèse de doctorat, Université de Caen, 2001.

besoin, le fournisseur s'organisant comme il l'entend pour y répondre, en situation de compétition avec d'autres équipementiers. Dans l'industrie automobile, on connaît certes depuis longtemps différentes formes de collaboration entre équipementiers et constructeurs, mais il y avait eu peu d'associations aussi étroites que celle-ci, dans laquelle un constructeur avait découpé le véhicule à assembler en une dizaine de modules confiés à autant d'équipementiers. Ce nouveau modèle de relation client/fournisseur avait été initié au Brésil par un personnage sulfureux, l'ancien directeur des achats de General Motors que Volkswagen avait débauché, et qui avait eu les mains libres pour implanter une nouvelle unité de poids lourds du constructeur automobile. Un terme avait alors été inventé pour qualifier ce nouveau mode d'organisation : celui de « consortium modulaire ». Cette expression indiquait quelque chose de nouveau par rapport aux expériences de parcs industriels fournisseurs mis en place par les constructeurs automobiles, et aux différents modèles d'intégration logistique mis en oeuvre par des géants de l'informatique comme Dell ou de la distribution comme Ikea.

9. « Du partenariat à l'entreprise étendue : vers une reconfiguration de la relation client/ fournisseurs dans l'industrie automobile », JP Guth & G Naulleau, *Annales des Mines : Gérer et Comprendre*, septembre 2000, pp 31-41.

Dans leur cas, on parlait plutôt d'« entreprise étendue » (« *extended enterprise* ») ou de « chaîne d'approvisionnement étendue » (« *extended supply chain* »)[9]. Il y avait cependant un point commun entre toutes ces situations : elles consistaient à transférer une partie substantielle de la valeur ajoutée chez les partenaires à qui on garantissait, en contrepartie, des contrats à long terme assortis de volumes substantiels, voire des répartitions de marges. Surtout, des systèmes avancés d'information, de communication et de logistique permettaient de réaliser d'importantes économies en logistique et fonds de roulement, de démultiplier la réactivité et de s'adapter alors immédiatement aux variations de la demande, à la fois en volume et en qualité ou en spécification. C'était la grande leçon de Dell que nombre de grandes entreprises tentaient de copier depuis maintenant plus d'une douzaine d'années. Pouvait-on s'inspirer de ces nouveaux « *business model* » dans un secteur comme celui de l'automobile ?

L'approche des équipementiers par J. Tomforde

Pour convaincre les équipementiers, J. Tomforde fonde son argumentation sur l'innovation et le caractère unique de l'opportunité d'apprentissage. *« Ce sera un îlot d'apprentissage »* (*« Lern Insel »*) répète-t-il à ses interlocuteurs. Le modèle qui sera mis en place représente l'avenir de l'industrie automobile : les partenaires associés seront les premiers à y gagner de l'expérience, bénéficieront de cette référence et prendront alors les meilleures places. Les risques seront limités : les équipementiers seront impliqués dès la définition technique de leur module, ils établiront eux-mêmes leurs référentiels de coût en coordination avec MCC et Hayek Engineering (pratique comptable dite de *« l'open book »*), ils seront fournisseurs uniques et MCC leur garantira le partenariat pour la durée de vie du produit. Enfin, installés sur le site de l'usine, ils seront en bonne place pour participer à tous les projets futurs de MCC.

« Ce sera un îlot d'apprentissage. »

L'approche des équipementiers s'organisa suivant les besoins des différents modules et les technologies requises. Les fournisseurs habituels de Mercedes ne furent pas les seuls approchés : J. Tomforde prit également contact avec de nouveaux interlocuteurs qui pouvaient être intéressants pour le projet, comme ce fut le cas pour le module carrosserie. Chacun des modules fut l'objet de négociations spécifiques. On aboutit finalement à des situations qui n'avaient pas été anticipées comme la création d'un nouveau module (celui du toit) pour répondre à des difficultés techniques spécifiques et d'un quasi-module (celui des roues). Enfin, des questions délicates durent être tranchées ; en particulier devait-on confier à un partenaire un module aussi stratégique que la propulsion ?

LA MISE EN PLACE DES MODULES

Le module carrosserie et les premières négociations

MCC veut recevoir une carroserie assemblée et peinte

La manière dont les choses se sont passées pour le module carrosserie est représentative de l'esprit dans lequel les contacts se sont plus globalement établis. J. Tomforde avait souhaité, au lancement du projet, que la carosserie peinte soit fournie par un partenaire extérieur et que celui-ci prenne en charge la responsabilité complète de son emboutissage et de son assemblage. Mais il n'avait pas trouvé de fournisseur référencé chez Mercedes qui fût susceptible de réaliser l'ensemble de ces opérations. J. Tomforde disposait toutefois de l'information selon laquelle la société Eisenmann-Surtema développait un procédé de peinture à poudre électrostatique à la fois performant et écologique ; restait qu'Eisenmann ne faisait ni emboutissage ni assemblage.

Une opportunité se présenta lorsque le directeur commercial d'une société canadienne de composants et de systèmes pour l'automobile, la société Magna, contacta Mercedes à Stuttgart pour présenter ses activités. Magna était principalement implantée aux États-Unis, réalisait un chiffre d'affaires de 10 milliards de dollars et avait commencé à développer ses activités en Europe, plus précisément à Gratz, en Autriche, dans le sillage de l'Américain Chrysler. Le but de Magna étant d'accroître ses activités européennes, une occasion unique se présentait là pour J. Tomforde : il fallait convaincre Magna d'entrer dans le système de partenariat envisagé. Mais Magna ne prétendait faire que de l'emboutissage et de l'assemblage. Il faudrait donc convaincre Eisenmann-Surtema d'entrer lui aussi dans le système de partenariat prévu et de s'intercaler entre Magna et MCC dans le flux de production. Cela avait pour conséquence immédiate que les techniciens de Magna et ceux de Surtema devraient se joindre au « *team* » carrosserie mis en place à Renningen et accepter de travailler en direct avec les responsables MCC du design, des achats et de la production. On voit la complexité du maillage nécessaire entre des entreprises distinctes, de spécialités différentes et aux cultures vraisemblablement très dissemblables.

Les discussions avec Magna

J. Tomforde saisit donc l'opportunité de la visite du Directeur Commercial de Magna pour lui décrire les grandes lignes du projet et lui montrer les équipes de développement au travail. Le directeur de Magna fut séduit par ce qu'il vit à Renningen et, à son tour, il invita J. Tomforde à venir visiter le site de sa société au Canada. Il lui proposa de l'accompagner dans le jet privé dans lequel son patron et lui devaient traverser l'Atlantique. Au cours du trajet, J. Tomforde décrivit en détail l'ensemble du projet. Très enthousiaste devant cette opération pilote, la direction de Magna mit alors à sa disposition ce même avion pour faire le tour des implantations nord-américaines de la société. La vie des affaires comporte sa part d'aventure !

Le directeur de Magna fut séduit par ce qu'il vit à Renningen.

J. Tomforde fut lui aussi convaincu de la qualité de ce partenaire et, dès son retour à Toronto, les deux patrons signèrent une première lettre d'intention établissant les grandes lignes d'un accord de partenariat. L'opportunité qui leur était offerte de travailler en transparence sur les coûts (« *open book* ») avec un constructeur, de participer à un projet précurseur et de se constituer une référence prestigieuse en Europe avaient emporté l'adhésion des dirigeants de Magna. Cependant, au siège de cette société, l'affaire fut critiquée. Beaucoup estimaient cet engagement très risqué, doutant de la pertinence d'un investissement de plus de 80 millions de dollars dans une affaire aussi incertaine.

La négociation avec Eisenmann... et Dynamit Nobel !

Il fallait maintenant obtenir de la société Eisenmann, en raison de son savoir-faire, avec son procédé de peinture à poudre électrostatique à la fois performant et écologique, qu'elle accepte d'entrer dans le jeu de MCC et de coopé-

Les partenariats s'imbriquent les uns dans les autres

rer avec Magna. Cela dit, Eisenmann avait déjà l'habitude et l'expérience du travail en collaboration étroite avec les constructeurs sur leur site industriel : la société avait en effet pour politique de construire des installations et de les exploiter pour les constructeurs. Elle l'avait fait avec Seat à Barcelone et avec Volkswagen au Brésil. Eisenmann avait en outre travaillé avec la société Wörwag qui venait de développer une toute nouvelle poudre de peinture aux caractéristiques écologiques répondant bien aux nécessités de l'industrie automobile. Or, MCC tenant à utiliser ce procédé peu polluant, Wörwag se montra immédiatement intéressé. Cet enthousiasme précipita l'accord de Eisenmann. Les trois entreprises : Eisenmann, Wörwag et Magna trouvaient là l'occasion de réaliser une première technique et industrielle et de créer ainsi une référence. Eisenmann signa donc l'accord de partenariat l'engageant à recevoir de Magna la cellule assemblée pour livrer à MCC une carrosserie complètement peinte et planifia pour cela un investissement d'environ 45 M€ (90 MDM).

Pour les panneaux de portes en plastique coloré, les partenaires potentiels étaient très peu nombreux. Dynamit Nobel était une société solide détentrice d'un procédé original pour produire un plastique coloré dans la masse en injectant simultanément du polycarbonate et du butylène téréphtalate produits par General Electric Plastics. Ce procédé permet entre autres de changer de couleur en production sans avoir à nettoyer la machine. On peut ainsi obtenir au dernier moment et à coût minimal une grande variété de coloris. À nouveau, l'argument fut de faire de la collaboration avec MCC un projet-pilote de la société tant pour les performances techniques à accomplir (tenue à la lumière, stabilité des dimensions, reproductibilité des coloris qui est indispensable pour assembler des panneaux identiques) que pour le nouveau modèle de relations partenariales qui serait mis en place avec MCC et ses équipementiers. Dynamit Nobel serait le fournisseur direct de MCC pour les boucliers avant et arrière et livrerait à la société Ymos des panneaux colorés pour que celle-ci produise le sous-système des portes. Il s'agit d'un sous-système complexe avec les serrures, les fenêtres, les rétroviseurs électriques, les airbags, les parements, les fixations et les éventuelles décorations faites en amont, par décalcomanie, sur les panneaux, par la société Cubic.

La responsabilité du module propulsion : un équipementier ou MCC ?

La partie la plus importante du module propulsion est le moteur. Or, selon le projet initial, il devait y avoir plusieurs moteurs possibles : essence, diesel, électrique et hybride. Les choix définitifs n'avaient pas été fait au moment du lancement du projet. N. Hayek promouvait la propulsion électrique, et en deuxième lieu, un moteur hybride dans lequel le bureau d'études de SMH-Auto SA (filiale de SMH) avait déjà beaucoup investi. Quant à Mercedes, il disposait, dans son usine de Berlin, d'un petit moteur thermique à essence. On envisageait aussi un moteur diesel. Il fallait donc en même temps avancer en ce qui concernait le choix du moteur et préparer le module propulsion qui comprenait, outre le moteur, la boîte de vitesse, la dynamo, la transmission AR et les freins.

Selon le projet initial, il devait y avoir plusieurs moteurs possibles.

Il était nécessaire que ces éléments soient prémontés sur un cadre conçu pour porter différents moteurs fixés par quelques points seulement. Ce cadre une fois mis en position sur la carrosserie, le module arrière avec moteur et transmission serait assemblé au véhicule par un petit nombre de boulons. Ainsi pourrait-on offrir plusieurs motorisations sans remettre en question l'architecture de la voiture. On l'aura compris : ce module était et reste une partie essentielle du véhicule. Une question cruciale s'est alors posée : MCC doit-elle réaliser ce module elle-même ou peut-on le confier à un partenaire ? J. Tomforde était favorable à la solution du partenariat. Les grands équipementiers furent consultés, mais aucun ne voulut prendre à sa charge l'assemblage d'un moteur venant de tiers, d'une transmission Getrag, des essieux, d'une dynamo, et d'autres composants encore ; cet ensemble vaudrait au total 1 000 € par véhicule, mais ne fournirait qu'une valeur ajoutée d'environ 50 €, soit 5 % seulement de la valeur du module. En fait, aucun partenaire n'était intéressé par un module qui ne lui donnerait qu'un rôle d'assembleur.

J. Tomforde en fit alors un défi pour les fournisseurs de Mercedes, notamment pour Krupp Hoesch qui tenait vraiment à participer au projet. Ce dernier finit par accepter la proposition à condition de ne pas avoir à se préoccuper de l'approvisionnement des composants, que MCC proposa alors de prendre à sa charge. Krupp Hoesch n'avait pas d'expérience de la maîtrise d'œuvre de modules aussi importants. En revanche, il disposait du savoir-faire permettant de concevoir le module, ainsi que du personnel et des capitaux nécessaires pour entrer dans le partenariat prévu. La règle adoptée pour ce module fut donc un peu particulière dans la mesure où l'on décida que la fourniture des composants serait assurée par MCC AG, contrairement à ce qui se ferait pour les autres modules où le maître d'œuvre devait être responsable de ses approvisionnements. Ainsi négocié, le module propulsion fut confié à ce fournisseur de vieille date de Mercedes.

Le module avant, celui du toit et un quasi-module : celui des roues

Le module avant paraît ne pas avoir posé de difficultés particulières. Il comprenait les phares, le radiateur, la climatisation, la barre de sécurité, les supports en plastique. Il fut rapidement confié à Bosch, lui aussi partenaire historique de Mercedes, qui s'engagea à produire sur place, à Hambach, les phares spécifiques à la smart. Au contraire, le module toit a été défini bien après les autres, quand il s'est avéré qu'il était très difficile de mettre en oeuvre pour une grande surface plate un procédé de peinture électrostatique à base de poudre. Il fut donc décidé de construire le toit en verre et de faire de cette particularité un atout commercial supplémentaire. C'est ainsi que cette partie du véhicule devint un module à part entière, au contraire de ce qui avait été initialement prévu.

Pour les roues qui n'étaient pas prévues comme un module en soi mais auraient pu, après coup, être considérées comme telles, les équipes de J. Tomforde n'avaient pas imaginé de difficultés particulières. Le partenaire pressenti et contacté, Continental, disposait en effet d'une usine de pneus près de Sarreguemines. Il fallait cependant convaincre cette société d'investir sur le site industriel de Hambach, dans les locaux d'Altrans, une unité d'assemblage. L'affaire se compliquait du fait que MCC voulait pouvoir livrer des véhicules avec des pneus de marques différentes, suivant les exigences des clients. Il fallut donc tailler un accord de partenariat sur mesure afin de prévoir toutes les difficultés qui pourraient provenir du fait qu'un partenaire interviendrait sur des produits de sociétés directement concurrentes entre elles. Le rôle demandé à Continental était nouveau pour l'entreprise : il s'agissait de monter les pneus sur les jantes, de les gonfler et de les conditionner dans des paniers spéciaux permettant leur montage automatique sur le véhicule, et d'organiser des livraisons quatre fois par jour. Tout cela aboutit à la création d'une sorte de quasi-module.

Les partenariats fonctionnels : systèmes d'information et logistique

Des discussions eurent lieu très tôt entre les dirigeants de MCC pour décider de la pertinence d'externaliser le système d'information. Il apparut ainsi clairement que MCC ne voulait pas être inféodée au système de Mercedes. Rappelons que N. Hayek craignait beaucoup la « mercedisation » de MCC et de son projet smart : les lourdeurs et contraintes de la grande et vénérable entreprise lui semblaient de nature à mettre en danger les innovations techniques et managériales qu'il voulait mettre en oeuvre. Or, il apparut aux dirigeants que le système d'information était un enjeu clé de l'autonomie de leur nouvelle société. Copier le système

MCC ne voulait pas être inféodé au système Mercedes.

d'information Mercedes (SAP en l'occurrence), c'était prendre un risque d'inféodation rapide et inéluctable à la société mère. Il fut donc décidé d'élaborer un système d'information différent de celui de Mercedes avec un partenaire, Andersen Consulting utilisant un système BaaN. Cette société fut alors considérée, au départ, comme partenaire-système à part entière, et son personnel totalement intégré à MCC. Du jour au lendemain, la société MCC en création disposait ainsi d'un service informatique opérationnel, compétent et autonome : l'avantage de cette décision n'était pas mince.

Quant à la logistique, son externalisation est classique dans l'industrie automobile. Il fut donc décidé de confier à Rhenus la responsabilité des principaux mouvements et stockages ayant lieu sur le site, à TNT la gestion des pièces de rechange, et à Panopa la gestion des moyens de transport. Enfin, Altrans qui assure pour Continental les mouvements concernant les roues, n'a pas de contrat avec MCC. Rhenus n'était pas, au début, vraiment considéré comme un partenaire système car MCC prétendait maîtriser la gestion des flux. En revanche MCC n'avait aucune compétence dans la logistique opérationnelle, et l'apport de Rhenus s'avéra vite indispensable. Ainsi, avec le temps, Rhenus, puis son successeur Schenker, sont-ils devenus de véritables partenaires-système. L'imbrication de leur activités avec celles de MCC (voir chapitre X), notamment pour les pièces non séquencées, justifia amplement cette assimilation.

Les partenaires initiaux de MCC[11]

Nom	Objet du partenariat (liste de l'été 1995)
Bosch	module avant
Dynamit Nobel	panneaux plastique injecté
Eisenmann-Surtema	peinture électrostatique
Krupp-Hoesch	système propulseur
Magna	cellule acier de la carrosserie
Mannesmann VDO	cockpit, tableau de bord
Ymos	portes et toit
Bertrand Faure	sièges
Continental	roues
Andersen Consulting	système d'information
Rhenus	logistique
TNT	logistique pièces détachées
Panopa	gestion des moyens de transport

11. Ces partenaires ont changé avec le temps ; un autre tableau donnera plus loin la liste des principaux acteurs en 2001.

Externalisation du recrutement et de la formation, et établissement de partenariats locaux

Le recrutement des 1 800 personnes nécessaires au fonctionnement de l'usine prévue demandait une montée en puissance très rapide, un professionnalisme et une connaissance de la région que n'avaient aucune des entreprises partenaires. Très vite, il fut décidé que l'on externaliserait autant que possible le recrutement.

MCC passa un premier contrat avec PA Consulting pour assurer entièrement, pendant un an et demi, le recrutement du personnel de l'usine pour le compte de MCC France et de ses partenaires. PA apportait à la fois ses consultants (dont certains sont restés à l'expiration du contrat), sa connaissance des règles administratives et des usages français et son expérience en recrutement. Grâce à l'externalisation de cette compétence, MCC disposa du jour au lendemain d'un service recrutement opérationnel : aucun spécialiste à recruter, aucune procédure administrative à roder et à réin-

Le recrutement demandait une montée en puissance très rapide.

venter, ni imprimé ni fichier à concevoir : le gain de temps était considérable !

Par ailleurs, un contrat spécifique fut passé avec l'ANPE locale en mars 1996. Il conduisit en juin 1996 à l'organisation d'un « Centre de Recrutement smart/ANPE » dans les locaux de l'Institut Universitaire de Technologie de Sarreguemines. Y travaillaient ensemble des personnels de MCC, de PA et de l'ANPE. Cette dernière s'était notamment engagée à recevoir et enregistrer sur informatique toutes les candidatures, et à répondre à chacune d'entre elles : il y eut 10 000 candidatures spontanées ! C'est dans ce centre que l'on fit passer les tests d'embauche. Le principe affiché par MCC était de privilégier les candidats ayant une aptitude *« à s'adapter au système, au concept et à la culture smart »* quels que soient leur âge et leurs diplômes. Des *« Assessment Centers »* furent créés par PA pour évaluer les aptitudes des candidats à l'écoute, au travail en équipe, au leadership, à l'autonomie et à l'organisation, qualités et motivations considérées comme essentielles dans la culture smart en gestation.

Ce « Centre de Recrutement smart/ANPE » travaillait pour MCC, mais aussi pour tous les autres partenaires système. Il leur *« livrait un candidat complet »* avec son dossier, sa photo, son RIB... sans que les responsables du personnel des différents partenaires ne l'aient vu ! Comme ces responsables étaient étrangers, ils n'eurent pas à se plonger dans la complexité des lois sociales qui étaient propres à l'environnement juridique et social français et ils gagnèrent un temps précieux dans la mise en place des politiques salariales et des systèmes de classification. Dans cette phase initiale, les objectifs étaient de recruter à 80 % des demandeurs d'emploi, à 20 % des femmes et des personnes de plus de 45 ans, avec des rémunérations comprises entre 6 700 F/mois (1 020 €) et 9 500 F/mois (1 450 €) et un intéressement pouvant atteindre 20 % du salaire. En pratique, les critères furent surtout le coût des candidats et leur capacité opérationnelle immédiate. Au final, 50 % des personnes recrutées étaient des demandeurs d'emplois, et leur moyenne d'âge d'environ 31 ans. Ce centre de recrutement fonctionna 3 ans, jusqu'au lancement commercial du véhicule à la fin de l'année 1998. Il traita pratiquement toutes les embauches des 1 800 personnes nécessaires sur le site.

Des relations furent également nouées avec les Houillères du Bassin de Lorraine (HBL) qui souhaitaient ouvrir à leur personnel des perspectives de reconversion. Les HBL mirent ainsi leur pôle de formation à la disposition du projet et réalisèrent dans leurs propres locaux un séminaire d'intégration destiné à renforcer les capacités des nouveaux embauchés à travailler en équipe. À cette occasion on leur présentait le projet, bien sûr, mais aussi la philosophie des partenariats mis en place, la structure à trois niveaux hiérarchiques, l'organisation des rapports entre les sociétés présentes sur le site, ainsi que la culture de management que MCC allait mettre en oeuvre à smartville. Par la suite, des formations spécifiques aux postes de travail et à l'organisation de la production furent assurées par ce pôle des HBL avec l'aide des 100 pionniers du « *kernteam* » qui furent envoyés en stages dans les usines de Mercedes et qui diffusèrent en cascade ce qu'ils avaient tiré de leur expérience en Allemagne.

Des contrats très favorables associant les fournisseurs au destin de MCC

L'analyse des contrats liant les partenaires à MCC montre que nous ne sommes plus dans une relation clients/fournisseurs. Le type d'avantages et de garanties assurées aux équipementiers en contrepartie de leur responsabilité en font effectivement des quasi associés. Certains d'entre eux ont même dû se demander ce qui se cachait derrière une générosité inhabituelle dans un secteur d'activité peu habitué à des largesses de la part des constructeurs. Deux éléments d'explication peuvent être avancés : cette générosité compensait en partie le risque pris pour un projet tout de même encore assez flou et incertain ; plus fondamentalement, les

Les équipementiers sont de quasi-associés.

dirigeants de MCC souhaitaient clairement changer les règles du jeu au sein de la chaîne de valeur en mettant en place un système de co-responsabilités complexes contraignant les équipementiers à s'autoréguler entre eux directement, que ce soit au stade du développement, de l'assemblage ou à celui du « contrôle qualité », MCC ne prévoyant d'agir qu'en « facilitateur ». Derrière ces contrats se profile en effet une nouvelle étape dans le transfert de responsabilités au profit des équipementiers. Pour MCC, la retombée principale doit en être un allégement substantiel de ses fonctions de coordination et de contrôle, lui permettant de réaliser de très substantielles économies de fonctionnement tout en gagnant en rapidité de développement et d'industrialisation, et, par la suite, en réactivité. Du moins, c'est là le pari !

Voyons maintenant les points qui valent d'être soulignés pour leur originalité. Tout d'abord, une séparation claire avait été prévue entre les contrats régissant l'activité de développement et ceux qui concernaient la production. Une rémunération spécifique des partenaires était prévue pour leur activité de développement, en contrepartie d'un droit d'utilisation par MCC de la propriété intellectuelle générée par leurs travaux. Cette clause n'est pas très courante dans les associations clients/fournisseurs pour les études et le développement liés à l'industrie automobile. Elle limite considérablement l'exposition financière des équipementiers au cours de cette phase.

Les contrats prévoyaient ensuite que la détermination des prix des modules livrés à MCC serait réalisée progressivement en interaction entre MCC et le partenaire concerné selon la pratique dite de « *l'open book* » : la transparence de l'information comptable devait être assurée de part et d'autre pendant la durée du développement et de l'industrialisation, afin d'obtenir des bases communes de calcul des coûts, sous la supervision d'un bureau de contrôle lié à MCC, en l'occurrence Hayek Engineering. Le but était de disposer de tous les éléments permettant d'obtenir des optimisations sur l'ensemble de la chaîne de valeur ajoutée des modules et du véhicule. Une fois la période d'observation achevée, les livres comptables seraient refermés et les partenaires de MCC AG s'engageaient à faire des efforts de productivité permettant des réductions de prix de vente d'au moins 2 % par an, le complément de gain de productivité restant acquis au partenaire. À cette modalité de détermination des prix extrêmement intéressante s'ajoutait une garantie contractuelle de couverture des frais fixes des partenaires correspondant à des volumes de production minima que MCC AG s'engageait à assurer. On ne pouvait rêver mieux ! Notons que la durée de la relation était prévue contractuellement pour toute la vie du produit, c'est-à-dire jusqu'en 2005, ce qui sécurisait à long terme les équipementiers et le constructeur. MCC AG s'interdisait de fait une mise en concurrence susceptible de conduire au remplacement d'un partenaire par un autre.

Concernant l'importante rubrique des investissements demandés aux partenaires sur le site industriel, l'analyse des contrats montre à nouveau des dispositions qui leur étaient et leur sont très favorables. Certes, il leur était demandé de s'installer sur le site industriel de MCC et de dédier à la réalisation du projet smart leurs équipements et leurs équipes, mais MCC AG leur offrait en contrepartie le portage de leurs investissements d'infrastructures. Ainsi, une fois que les partenaires eurent spécifié les caractéristiques des locaux dont ils auraient besoin pour installer leurs équipements de production, les surfaces correspondantes furent mises gratuitement à leur disposition. Seuls les frais d'entretien et d'approvisionnement en utilités leur furent facturés. MCC AG prévoyait comme on l'a vu de réaliser le portage financier de leurs équipements de production, ceux-ci étant achetés en leasing par MCC qui en refacturerait les mensualités aux partenaires. Au terme d'un bail de 7 ans*, la propriété en reviendrait à MCC AG.

(*) Ultérieurement cette durée sera reportée à 10 ans.

D'autre part, le contrat prévoyait clairement que chaque partenaire serait responsable de son contrôle qualité et qu'en cas de défaut constaté sur un véhicule livré à MCC, aucun paiement ne serait octroyé à qui que ce fût tant que n'aurait pas été franchi le point de comptage final, ce véhicule serait alors réparé aux frais du responsable du défaut. De même, en cas de blocage de la production, le responsable de ce blocage pourrait se voir réclamer des indemnités par les autres partenaires. Ces deux clauses transféraient aux équipementiers tout une partie de la coordination habituellement dévolue au constructeur. Elles engageaient ceux-ci à mettre au point des mécanismes de coordination et de solidarité qui permettraient de dégager en partie MCC AG de cette responsabilité. C'est là l'un des paris de MCC AG : nous y reviendrons plus loin lorsque nous analyserons le fonctionnement de smartville.

Les avantages attachés aux relations partenariales

Les modèles partenariaux ou collaboratifs établissent des relations à mi-chemin entre la relation commerciale clients-fournisseurs et la relation hiérarchique d'intégration comme celle qui lie une filiale à sa maison mère.

Deux avantages principaux sont associées à ces relations collaboratives :

- elles limitent les conduites opportunistes attachées aux relations commerciales pures où le vendeur cherche à maximiser son intérêt aux dépens de l'acheteur et réciproquement ; les relations collaboratives fournissent un cadre propice aux relations de type gagnant/gagnant grâce aux échanges d'information, aux transferts de bonne pratique et à l'alignement stratégique des acteurs, en particulier au sein d'une chaîne de valeur
- elles limitent les risques de rigidité entraînés par l'intégration hiérarchique et elles favorisent le maintien de diversités dans les approches, les cultures et les savoir-faire.

Ainsi, le concept d'entreprise étendue fait référence à un groupe d'entreprises alignées stratégiquement et économiquement à différents stades de la chaîne de valeur d'une activité donnée et intégrées par des systèmes avancés d'information, de communication et de logistique. MCC et son réseau de partenaires-système associés, incluant les smart-centers du réseau de distribution peut, à ce titre, être considérée comme une entreprise étendue.

La mise en œuvre des contrats dans la phase de développement

Suivant la logique développée par J. Tomforde, des représentants des partenaires-système ont été associés au personnel de MCC AG au sein des différentes équipes correspondant aux modules. Le fonctionnement de ces équipes était lié à un ensemble d'objectifs aussi bien techniques qu'économiques imposés par MCC AG. Cela permettait un cadrage en amont par rapport auquel les référentiels de coût pouvaient, par la suite, être mis en place. Ce cadrage a-t-il été suffisamment précis ? Il semble que pour les trois contraintes de toute gestion de projet (les coûts, les spécifications/qualité et les délais), la pression a été plus forte sur les deux derniers termes. La pression liée aux délais a été particulièrement forte et a sans doute fait parfois passer les contraintes de coût au second plan. Le pari économique se situait à un autre niveau : celui de la reconfiguration des relations au sein de la chaîne de valeur qui devait permettre de substantielles économies en logistique et en frais fixes.

La pression des délais a fait passer les contraintes de coût au second plan.

Cette phase de développement s'est effectuée dans un climat d'enthousiasme et de tension, avec un haut niveau d'échange au sein de chacune des « *teams* » et entre les « *teams* » et J. Tomforde. Ces discussions permettaient de prendre aisément en compte les suggestions susceptibles de réduire le coût global de production ou d'améliorer les fonctionnalités techniques des modules. Le dispositif a très bien fonctionné, les partenaires appréciant d'être impliqués à ce niveau dans la phase de développement, a contrario des pratiques selon lesquelles un constructeur définit le cahier des charges sur la base duquel plusieurs fournisseurs sont ensuite mis en compétition. Pour chaque sous-ensemble, les partenaires étaient totalement responsables du délai de mise au point, de la qualité du module et de son coût (« *Bauteileverantwortung* »). Le rôle de MCC AG était perçu comme en retrait par rapport à celui que tiennent habituellement les constructeurs. Les partenaires système avaient en effet pleinement la responsabilité des difficultés et des réussites de leur module et ressentaient également les conséquences des difficultés et des réussites des autres partenaires. Au bout du compte, nos interlocuteurs nous assurèrent qu'à Renningen, il était difficile de repérer qui était employé par un partenaire ou qui était employé par MCC AG ! Et quand nous les avons interrogés pour savoir de qui les partenaires se sentaient le plus proche, du projet smart ou de leur société : « *Nous avons travaillé pour les deux,* répondirent-ils, *sans que cette question ne se pose ! »*. Incontestable réussite, cette ingénierie sociale du partenariat est à l'origine des délais très courts de développement de la smart. Reconnaissons que les moyens y avaient été mis et que les contrats, comme nous l'avons vu, correspondaient au discours.

Les contrats entre MCC et ses partenaires-système

Objet	Deux contrats sont prévus : un contrat d'étude pour le développement et un contrat de production pour la suite.
Développement	Pour les études un contrat entre les deux partenaires prévoit notamment la mise à disposition de personnels dans les équipes de Renningen, et cela dans le champ de compétence technique de chacun. Les études de développement sont payées aux partenaires.
Propriété Intellectuelle	MCC aura un droit d'utilisation des propriétés intellectuelles générées pour les travaux de développement indiqués ci-dessus, mais il n'y aura aucun transfert de propriété intellectuelle entre les partenaires : ni « *background* », ni « *foreground* ».
Production	Pour la production les partenaires sont invités à fonder une filiale à Hambach ou à y créer un établissement sur le site de l'usine, de telle sorte qu'ils gardent entièrement leur personnalité juridique. Le contrat sera alors signé entre MCC AG et la filiale locale.
Exclusivité	Chaque filiale locale ainsi créée s'engagera à produire exclusivement pour MCC. En revanche MCC s'engage à ne s'approvisionner qu'auprès de cette filiale pour le module correspondant.
Personnel	Chaque société présente sur le site sera responsable de son personnel et aura son propre système de gestion en la matière (salaires, primes, horaires…). Seuls les horaires de production de la chaîne de montage final seront définis par MCC.
Quantités à produire	Un plan de montée en production sera établi, que le partenaire s'engagera à respecter.

Prix	Les prix des modules livrés à MCC seront définis au cours du développement en travaillant à livres ouverts de part et d'autre et en cherchant à atteindre des objectifs fixés par MCC. Une fois les prix arrêtés, les livres seront fermés, mais les partenaires de MCC s'engageront à réaliser des efforts de productivité permettant des réductions annuelles de prix de vente (2 % par an, sauf objectifs spécifiques), le complément de gain de productivité restant acquis au partenaire concerné.
Locaux	Les caractéristiques des locaux seront spécifiés par les équipementiers en fonction des équipements et des travaux à y accomplir. Ils seront achetés en leasing par MCC et mis à leur disposition gratuitement. Ils seront entretenus et approvisionnés en utilités par MCC qui refacturera ces frais aux utilisateurs.
Équipement de production	La même approche que pour les locaux est ici pratiquée, sauf sur un point : les partenaires paieront le leasing correspondant au montant investi. In fine, au terme d'un bail de 10 ans (la durée initialement prévue était de 7 ans), ils reviendront à MCC.
Frais d'installation	Les frais d'installation et d'acquisition de petit outillage seront à la charge des équipementiers.
Transfert de propriété	La production de l'équipementier restera sa propriété jusqu'à la sortie de l'usine (en pratique jusqu'au point de contrôle de la vente du véhicule au concessionnaire). MCC ne sera à aucun moment propriétaire du module. MCC, comme ses partenaires, pourra travailler sur le module.
Paiement	Lors du franchissement du point de contrôle ci-dessus, le partenaire se verra crédité par MCC d'un avoir correspondant au prix unitaire du module.
Qualité	Chaque partenaire sera chargé de contrôler la qualité pour le module qui le concernera. Si un véhicule ne peut être livré, quelle que soit l'origine du défaut, personne ne sera payé ; le véhicule sera réparé aux frais du responsable du défaut.
Garantie	Les partenaires seront payés pour les frais fixes qui contribueront à l'établissement du prix unitaire quelle que soit la production, si celle-ci est inférieure à la quantité contractuellement prévue.
Pénalité	Le partenaire qui bloquerait la production pourrait se voir réclamer des indemnités par les autres.
Durée	Le partenaire équipementier sera retenu pour la vie du produit qui est prévue jusqu'en 2005, mais il s'engage bien sûr à respecter les règles d'après-vente pendant les années suivantes.
Cessation	MCC ne pourra dénoncer le contrat pour remplacer un partenaire par un autre. En cas de volonté de départ d'un partenaire, MCC aura la possibilité de reprendre l'activité de ce dernier, le personnel en place lui revenant. Sinon, l'activité en question pourra être cédée à un tiers, à condition que ce dernier reprenne l'intégralité des engagements du contrat, MCC ayant un rôle de coordination pour la passation du témoin.

Attirer et motiver les bons partenaires

Au-delà de la proposition de contrats « honnêtes », des arguments moins visibles sont cruciaux :

• l'ambition et l'innovation du projet.

La générosité de ces contrats peut aussi s'interpréter comme une volonté, de la part de MCC, d'attirer de « *bons partenaires* ».

Mais nos interlocuteurs équipementiers nous ont laissé entendre que si c'était là une motivation nécessaire, elle n'était pas suffisante. Au-delà de la proposition de contrats « honnêtes et équitables », plusieurs arguments moins visibles apparaissent en effet cruciaux dans ce montage partenarial. Tout d'abord, l'ampleur de l'ambition est sans doute paradoxalement une clé de l'attrait pour MCC. N. Hayek et J. Tomforde ne voulaient-ils pas réinventer l'industrie automobile ! J. Tomforde a promis de l'innovation et nous le verrons plus loin, cette dimension a été pleinement intégrée dans la prise de décision des équipementiers de rejoindre MCC.

• la qualité des sponsors et la personnalité des managers de la joint venture .

En second lieu, la qualité des sponsors du projet a été un atout évident, même s'il a été moins explicitement formulé par nos interlocuteurs. Mercedes et Hayek Engineering sont des références qui rassurent d'autant qu'ils ont su choisir des personnalités enthousiastes et entreprenantes, les J. Tomforde, C. Baubin et HJ. Schär, qui ont permis de lancer le projet et de tester les nouveaux modèles relationnels attachés à cette aventure.

Dans un second temps, d'autres personnalités, prendront le relais pour faire évoluer et reconfigurer le projet, sous l'impulsion d'un J. Schrempp, d'un J. Hubbert ou encore d'un H. Bölstler… Ce seront alors d'autres qualités humaines qui seront requises du management de MCC et de Mercedes pour mettre définitivement l'entreprise sur les rails. Mais cela est une autre histoire que nous découvrirons aux chapitres IX et XII.

Chapitre 7

L'esprit des lieux :
un village de partenaires

LE SITE ET LA RÉGION

Les idées de J. Tomforde, celles des co-gérants, et les partenariats régionaux

J. Tomforde avait beaucoup d'idées en matière archi-
tecturale : depuis le début du projet, il réfléchissait à un
nouveau concept de site industriel facilitant l'organisation modulaire. Cela supposait que les partenaires systèmes acceptent de s'établir directement autour de la chaîne
de montage selon un principe de continuité permettant
l'optimisation de la logistique, du planning et de la coordination. Il apparaissait en outre souhaitable que le site
accueille l'interface entre le développement du produit à
Renningen et la chaîne de montage : un Centre de Préparation et d'Intégration à la Production (PVZ). Enfin, il
fallait envisager la création d'un lieu de formation, d'une
piste d'essai, d'un centre de communication pour les con-
férences et les manifestations associées à une entreprise
que l'on voulait innovante. Il fallait enfin disposer sur
place de toutes les utilités nécessaires, dont le traitement
de l'eau et la production d'énergie.

> Tomforde recherche
> l'architecture
> la plus adaptée
> à l'organisation
> modulaire.

En outre, pour les trois co-gérants, réussir l'intégration de l'usine dans la région d'accueil était l'une des conditions du succès de l'opération, tant pour le respect des délais et des promesses faites au moment des négociations avec les différentes parties prenantes du projet que pour la constitution de l'image du produit et de la marque. L'usine et son organisation devaient refléter le caractère innovant de la smart ! Pour J. Tomforde, dans le prolongement du « *Bio-Haus* » de Renningen, ce ne pouvait être qu'une usine modèle en matière d'environnement, non polluante, et intégrée dans le paysage.

12. Ce raffermissement fut assuré par un système de picots : 5000 forages verticaux de 30 cm de diamètre et de 8 m de profondeur furent réalisés !

La réunion de lancement de la construction de la future usine eut lieu dès le mois d'avril 1994 avec les trois « *Geschäftsführer* » et leur conseiller en architecture M. Chevrier. À cette époque tout se passait encore à Renningen puisque le site de Hambach ne fut définitivement retenu que le 20 décembre 1994. À ce moment-là, le terrain fut acheté et viabilisé par le District de Sarreguemines pour l'établissement d'une zone industrielle classique. Mais il ne répondait pas encore aux exigences d'un site industriel important dans lequel seraient implantés des équipements lourds aux dimensions très précises. De mai à septembre 1995, de grands travaux de préparation du terrain furent donc nécessaires : détournement d'un important pipe-line gazier, nivellement du terrain pour combler des écarts de niveaux de 13 m (1 million de m^3 furent déplacés), et raffermissement du sol[12]. Le partenariat avec la Région et le District furent essentiels pour mener à bien ces travaux d'assainissement. Cela leur en coûta 230 MF ! Sur ce point, il nous a paru intéressant d'explorer une autre facette de la stratégie MCC : la réussite de ses relations avec l'environnement local et régional.

L'enjeu régional, le soutien du ministre Gérard Longuet et les relations avec la presse lorraine

L'enjeu régional était fondamental pour MCC France.

D'excellentes relations avec l'environnement régional étaient nécessaires pour bénéficier des meilleures aides financières, mais aussi pour relayer la modernité et l'audace du projet et lancer des opérations de communication. Dans ce domaine, le succès n'était en effet pas assuré au niveau de la presse spécialisée internationale, certains experts du secteur automobile doutant ouvertement de ce projet. En outre, le moindre accroc dans l'implantation régionale se traduirait par des délais insupportables pour les partenaires. Pour MCC, s'ajoutait à cela une question d'image : on ne pouvait déconnecter les conditions de production du produit lui-même appelé à devenir une marque autonome, surtout dans ce que l'on pensait être, à l'époque, un marché clé : le marché français. Pour toutes ces raisons, l'enjeu régional se révélait fondamental pour MCC France. Ce n'est donc pas par hasard si l'un des premiers cadres recrutés localement par MCC France fut une responsable de la communication, chargée notamment de faciliter les contacts avec les responsables régionaux.

La chance voulut que le Président du Conseil Régional de Lorraine ait été le ministre français de l'économie au moment des négociations sur l'implantation de MCC France. Nous avons vu au chapitre IV son rôle clé dans l'obtention des subventions généreuses qui furent accordées à la nouvelle société. Mais son soutien local prit aussi une signification très forte pour MCC. Gérard Longuet, convaincu de la validité et de l'intérêt du projet, se montra, dès les premiers contacts, un soutien extrêmement actif, mettant les partenaires en présence, répondant aux journalistes et plaidant plus tard à Bruxelles ce qui était devenu sa cause. Il tint ses promesses financières et se montra ainsi constamment impliqué pour faire de la smart un projet phare pour sa Région et un symbole de son développement. C'est ainsi que, quelques années plus tard, quand Saint-Nicolas viendra à Paris pour la fête des Lorrains, ce seront des smart qui défileront pour distribuer les fameux pains d'épice.

La chargée de communication, quant à elle, fit le pari de la transparence auprès de la presse régionale. Étant donné les retombées potentielles locales et régionales, celle-ci était en effet plus sensible à un tel projet que ne pouvait l'être une presse nationale et internationale, qui fut d'ailleurs assez critique par rapport au concept lui-même. La chargée de communication transmit ainsi des comptes-rendus réguliers de l'avancement du projet à la presse régionale dont celle-ci se fit l'écho, ce qui prit peu à peu la forme d'un soutien implicite. La rédaction du Républicain Lorrain, le principal journal de la région, créa même une rubrique régulière : « *Nous avons cru au projet grâce à la troïka allemande très crédible qui assurait son lancement à Hambach, et nous avons alors décidé d'accompagner le projet. Un logo spécial a été créé et presque chaque jour la rubrique Swatchmobile/smart était alimentée.* »

L'un des axes principaux de la communication mise en oeuvre fut le respect de l'environnement : la nouvelle usine fonctionnerait de la façon la plus écologique possible. C'était déjà le cas pour l'implantation des bureaux d'études à Renningen, cela serait également la politique qui serait conduite en France. Ainsi prit-on soin d'indiquer que les câbles à haute tension alimentant l'usine seraient enterrés et qu'une station d'épuration exceptionnellement performante serait construite. Des idées plus originales furent aussi présentées dans la presse régionale, comme un projet d'ascenseur alimenté par l'énergie solaire pour le centre de communication, la création d'un biotope sur le site, la plantation de 4 000 arbres, ou l'installation d'éoliennes pour produire de l'électricité ! Même si ces projets n'ont pas tous été réalisés, ils ont forgé une image liée à l'innovation, la créativité et la bonne volonté. Cette dernière s'est toutefois clairement manifestée lors de la décision d'extension du site qui s'avéra très rapidement nécessaire : MCC préféra aménager un terrain difficile et le réhabiliter plutôt que de grignoter la forêt environnante. Mais pour les Lorrains, les vrais enjeux étaient les emplois, et ce décalage entre leurs préoccupations et l'accent mis (non sans emphase) sur l'environnement est en partie explicable par le décalage culturel existant entre l'Allemagne, la Suisse et la France dans ces domaines.

DU SITE PROJETÉ AU SITE CRÉÉ

Un concept architectural novateur conçu pour l'organisation modulaire

Un cahier des charges fut donc établi et transmis au cabinet d'architectes Sexter Loyrette & Associés qui fut retenu. Celui-ci prévoyait que l'on puisse :

Le cahier des charges transmis au cabinet d'architectes.

- alimenter directement la chaîne de montage depuis n'importe quel endroit du site,
- faciliter les transports et les transbordements, en particulier entre les ateliers des partenaires et la chaîne de montage,
- circuler aisément dans une usine fonctionnant en flux tendu et recevant de très fréquentes livraisons de ses fournisseurs,
- utiliser les instruments de transport tels que les convoyeurs et les containers pour travailler directement sur les postes de montage,
- disposer de quais permettant de faire varier sans contraintes la séquence de montage et d'avoir des sous-sections de montage indépendantes les unes des autres,
- offrir des possibilités d'extension,
- limiter le retour à vide du convoyeur en facilitant la communication tout au long de la chaîne,
- limiter la surface au sol nécessaire.

Des formes « linéaires » en « spaghetti », en « U » et en « L » furent successivement envisagées avec l'architecte. Mais c'est finalement la logique du découpage de la chaîne d'assemblage en quatre grands sous-ensembles qui fut retenue.

Ces quatre sous-ensembles prévoyaient :

- le travail en dessous des véhicules,
- le travail technique à l'intérieur des véhicules,
- le travail d'habillage à l'intérieur ,
- le travail à l'extérieur des véhicules.

C'est l'optimisation des relations entre ces quatre sous-ensembles qui a conduit à mettre au point une forme en « plus » (ou en croix) pour le bâtiment central destiné à la chaîne de montage. Cette forme permettait en outre de répondre à la plupart des exigences du cahier des charges. Elle avait notamment pour avantage de développer au maximum l'interface du convoyeur avec l'extérieur, et, chaque poste de travail se situant ainsi à moins de 10 m d'un quai, on évitait les transferts par chariots à fourches ainsi que certains retours à vide des convoyeurs. Les quatre branches devaient être indépendantes et offrir à leurs extrémités des extensions potentielles. Ce schéma prévoyait également que les ateliers des partenaires systèmes soient implantés dans les creux du « plus » et reliés à la chaîne de montage par convoyeurs, ou tout au moins placés à proximité de la chaîne. Enfin les extrémités des branches permettraient des extensions éventuelles. (Voir schéma p. 127.)

La construction de l'usine et les limites de l'ingénierie concourante

Le respect des procédures imposées était difficilement compatible avec les délais prévus.

Pour chaque atelier un groupe de travail fut mis en place. Un chef de projet fut désigné pour la construction du bâtiment de chacun des partenaires. Le partenaire put définir ses exigences techniques en fonction du matériel qu'il souhaitait implanter et des besoins liés à son exploitation, l'équipe de direction du projet devant réaliser les bâtiments conformément à sa demande. L'ensemble du chantier était suivi de près par le Dr C. Baubin. Les différentes parties prenantes se sont beaucoup plaintes, comme toujours, du système administratif, le respect des procédures imposées étant difficilement compatibles avec celui des délais prévus pour la réalisation du chantier. Comme il regardait les choses de près et avait un avis sur tout, un jeu de mot subtil avait été lancé : « *der Bau bin ich !* » (ce qui signifie : « *Je suis Baubin* », mais aussi : « *La construction, c'est moi !* »).

Mais la conception du site industriel, ce fut J. Tomforde. Cheville ouvrière du développement du véhicule comme du démarrage de l'usine, J. Tomforde fut partout à Hambach comme à Renningen, donnant les impulsions, prenant les décisions et débloquant les situations. Homme de terrain, il décida d'essayer lui-même, durant le mois de juillet 1996, chacun des postes de montage, afin de s'assurer qu'ils étaient bien conçus ! Enfin, le site industriel qui sortit de terre en octobre 1997 fut baptisé smartville, pour souligner le caractère communautaire de l'implantation et donner une personnalité à cet univers industriel. Les partenaires signèrent ensuite avec MCC des baux pour les locaux qui allaient leur être réservés.

Les budgets, eux, furent décidés sans que tout ait nécessairement été connu : au moment où il fallait concevoir le bâtiment, la liste et la définition du matériel n'étaient pas toujours précisément arrêtées, car le processus de production ne l'était pas non plus, puisque le véhicule à produire était lui-même en phase de développement ! Telle fut la difficulté de l'ingénierie concourante. Sur le bâtiment N° 10 destiné à Dynamit Nobel, il fallut ainsi, pendant la réalisation du chantier, ajouter 45 m de longueur. Il fallut également changer le phare de la smart, ce qui provoqua un surcoût de près d'un million d'euros en construction de locaux ! Le bâtiment 3 destiné à Eisenmann-Surtema coûta 60 % de plus que prévu : il fallut surélever le toit de l'un des ateliers, le matériel de production nécessaire ne pouvant plus y entrer car, entre le moment où le bâtiment avait été conçu et celui où il fut édifié, certaines caractéristiques du véhicule avaient changé ! Pour un autre, la peinture avait été oubliée dans une estimation élaborée trop sommairement...

Il n'empêche qu'en deux ans, 130 000 m² furent construits et équipés sur 68 ha et pour un budget d'environ 427 millions d'euros (2,8 milliards de FRF), 229 pour les besoins de MCC et 198 pour ceux de ses partenaires. Ces chiffres donnent la mesure de la rapidité de conception et d'exécution de ce chantier. Globalement, on considère que l'usine a coûté 10 % de plus qu'il n'avait été prévu, ce qui, a posteriori, reste raisonnable, étant donné les délais qui avaient été imposés et qui furent respectés.

Étapes clés de la construction du parc industriel

- Décembre 1994 : choix définitif du site de Hambach.
- Octobre 1995 : permis de construire et pose de la première pierre.
- Décembre 1995 : création de la société MCC France SAS et premiers recrutements à Hambach.
- Juillet et septembre 1996 : inaugurations de la piste d'essais (avec essais de la première smart construite) et du Centre de Préparation et d'Intégration à la Production (PVZ).
- Octobre 1997 : inauguration du Parc Industriel de smartville par MM Chirac et Kohl.
- 20 septembre 1998 : journée portes ouvertes, lancement de la production industrielle et de la commercialisation.

Bienvenue à smartville, « village de partenaires »

« Quelle société venez-vous rencontrer ? »

De l'autoroute A4, à la sortie Sarreguemines, une tour de smart-center balisant la campagne indique que l'on est arrivé. La ville est à quelques kilomètres de là, mais le site industriel n'apparaît qu'une fois passé le péage, car il se fond dans un creux du paysage. Blanc et bas, il n'affiche pas ses 13 hectares de bâtiments bien que les arbres plantés n'aient guère eu le temps de prendre de l'ampleur. Au poste de gardiennage, la première question posée au visiteur est : « *Quelle société venez-vous rencontrer ?* », car l'on entre dans smartville, le « village de partenaires » où sont hébergés MCC France et les partenaires-système, chacun concourant à la production globale en ayant son autonomie. Le plan remis déroge au code de communication industriel habituel : l'eau, l'air, la terre et le feu décorent les quatre coins du document et les voies de circulation y ont des dénominations particulières : « route de la Qualité », « rue de la Flexibilité », et enfin ce nom de « smartville » utilisé pour dénommer l'ensemble du parc industriel !

Le bâtiment central, facile d'accès, est le lieu de convergence des énergies. Dans les parties hautes d'où il est possible d'avoir une vue sur l'ensemble du travail, sont installés salles de réunion, bureaux, restaurant d'entreprise et parties communes où l'on se retrouve tout naturellement, ce qui facilite la communication. Au milieu de l'usine, avec vue sur la chaîne de montage, les bureaux ne sont pas des lieux abstraits et lointains : de partout on voit les ateliers et la voiture qui en est l'objet. Au niveau du sol, le centre du « plus » sert de place commune, on l'appelle même « *la place du marché* » ou « *le Kern* », chacun venant y contribuer à l'examen des véhicules et corriger les défauts de fabrication. Cette organisation du site en forme de « plus » a beaucoup été utilisée dans la communication interne. Il fut ainsi décliné comme symbole du « plus » que cette voiture apportera à la circulation urbaine, du « plus » qu'elle doit avoir par rapport aux autres voitures, du « plus » que chacun doit apporter au projet, ainsi que du « plus » résultant de l'addition des énergies des partenaires qui ne sont plus des fournisseurs, mais des associés… !

smartville en 2001

Reste que les effets produits par cette architecture sont spectaculaires. Ainsi, le long de la chaîne de montage constituée de 140 postes d'assemblage, il n'y a pas un chariot à fourches ; l'ambiance y est étonnamment silencieuse et calme, car chaque opérateur va lui-même chercher dans le camion de livraison tout proche le panier de pièces dont il a besoin. D'autre part, la proximité qu'offre l'implantation des partenaires dans la même enceinte et que renforce l'imbrication géographique des ateliers permet aux membres du personnel des entreprises partenaires qui ont à intervenir sur la chaîne d'y venir très facilement et librement. L'organisation du site est emblématique de cette notion souvent abstraite « d'entreprise réseau » qui est utilisée pour qualifier ces situations où fournisseurs et assembleurs travaillent en un même lieu, sans frontières d'aucune sorte. Sur ce plan, smartville préfigure incontestablement les nouveaux modèles d'intégration clients/fournisseurs et les modes d'organisation venant à l'appui des activités d'assemblage complexe dans des secteurs comme celui de l'automobile. L'esprit de partenariat qui règne sur le projet se retrouve dans l'architecture de smartville : pensée pour faciliter l'intégration d'entreprises distinctes autour d'un même objectif, elle contribue à la qualité des relations qui vont s'établir entre les partenaires.

smartville en quelques chiffres

smartville en quelques chiffres, c'est :
- 12 hectares de bâtiments sur un terrain de 68 hectares,
- une production industrielle demandée en juillet 1998,
- une production en 2001 de 120 000 voitures par an, soit 570 par jour ou 35 par heure,
- un seul type de voiture produite en 13 modèles, 4 motorisations et 8 coloris,
- environ 1900 personnes sur le site : 730 chez MCC et 1 170 chez ses partenaires,
- 12 partenaires-système ici hébergés.

Chapitre 8

Repenser la distribution automobile : création d'un réseau de quasi-franchise

« McDonald's a découvert qu'il y avait plus d'argent à gagner en vendant son concept qu'en vendant des hamburgers. »

T.S. Dicke, 1992

LA DISTRIBUTION EN PARTENARIAT

Inventer une nouvelle forme de distribution

Dès le lancement du projet, il avait été clair que la future voiture ne porterait pas l'étoile à trois branches, symbole de Mercedes, et ne serait pas non plus distribuée dans son réseau. N. Hayek ne le souhaitait pas et H. Werner partageait cette idée. Du point de vue de Mercedes, il y avait bien-sûr la question du risque commercial mais aussi celle de la liberté de création et de ses limites. Un produit aussi audacieux dans sa taille et dans sa forme n'était perçu comme réalisable que dans un cadre permettant de

La smart ne pouvait s'imposer sur ce marché qu'en s'extrayant de l'image Mercedes-Benz.

s'extraire de la culture Mercedes-Benz. Dans les années 96-98, la Classe A apparaissait ainsi comme très audacieuse et suscitait des interrogations chez nombre de personnes appartenant à la société ou au réseau Mercedes.

Se posait donc la double question du lancement d'une nouvelle marque commerciale et de la création d'un nouveau réseau de distribution. Comme pour le développement et l'industrialisation, il allait être nécessaire d'innover car les moyens financiers et le temps étaient comptés. Là encore, les différentes formes de partenariat et de portage financier envisageables allaient être mises à contribution. L'innovation allait à nouveau consister à repenser les maillons de la chaîne de valeur de la distribution automobile afin de ne conserver que l'essentiel : le contrôle de l'identité de marque. Il ne s'agissait pas de faire du Mercedes, marque évoquant à la fois le luxe, la réussite sociale et l'excellence industrielle ; il s'agissait de faire du smart, une marque qui devait évoquer un art de vivre post-moderne, ludique, social, urbain et détaché des contingences matérielles.

Repenser un réseau de distribution dans le secteur automobile européen à la fin des années quatre-vingt-dix, c'était d'abord essayer par tous les moyens de comprimer les coûts de distribution, très importants en Europe, en comparaison, notamment, avec les coûts connus aux États-Unis. C'était d'autre part trouver un moyen de renforcer le contrôle sur la commercialisation et le service après-vente des véhicules concernés, deux éléments clés de l'affirmation d'une marque commerciale. L'idée de la franchise fut très vite explorée dans les bureaux de HJ. Schär à Bienne, une idée qui avait été fort bien exploitée pour distribuer la Swatch.

Dans l'automobile, le mode de distribution classique consiste à utiliser une cascade marque → grossiste → détaillant. Cette cascade est très onéreuse en frais de gestion, en marges accumulées et en stock. Elle représente environ 35 % du prix de vente du véhicule. Or, il apparaissait progressivement que l'objectif fixé en ce qui concernait le prix public de vente de la smart allait être difficile à tenir, étant donné les coûts de revient assez élevés qui se profilaient. Il était clair qu'un mode de distribution traditionnel aurait rendu le projet industriel irréaliste du point de vue des marges et de la profitabilité à moyen terme, mais il était également évident que des investissements très lourds étaient nécessaires à la création d'un réseau de distribution spécifique ! Mais de toutes façons, cette idée faisait partie intégrante du projet.

À l'origine, HJ. Schär voulait monter un système de franchise. Dans le secteur automobile, un exemple très intéressant de franchise avait déjà été utilisé aux États-Unis par General Motors pour lancer la marque Saturn au début des années quatre-vingt, et l'équipe marketing conduite par HJ. Schär l'avait examiné en détail. Cette forme de partenariat produit un effet de levier financier considérable, car le franchisé finance en entrepreneur son activité en y investissant ses propres capitaux en échange de l'appui technique et commercial du franchiseur. Autre avantage : ce mode de distribution permet d'officialiser par contrat le contact qui doit nécessairement être très étroit entre la marque et le réseau de vente, ce qui garantit l'application de méthodes de vente et de service après-vente très précises. Tout à fait classique dans la restauration ou le commerce de détail, la franchise n'est pas utilisée dans l'automobile en Europe. En effet, jusqu'en 2002, le règlement européen en usage accordait à l'industrie automobile une sorte de dérogation du droit commun en ce qui concernait les relations constructeurs/distributeurs, tout en interdisant toute collaboration trop étroite d'une marque automobile avec un réseau de distribution. Le modèle de la franchise était intéressant, mais il n'était malheureusement pas encore transposable en Europe, même si la réglementation communautaire était à cette époque en pleine renégociation (cf. encadré ci-dessous).

Modification de la réglementation communautaire
en distribution automobile

Le 5 février 2002 a été adopté à Strasbourg un texte qui devait entrer en vigueur le 1er octobre 2002 et remettait en cause les règles régissant la concurrence dans l'industrie automobile, dérogatoires du droit commun, règles dont bénéficiaient jusqu'ici les constructeurs. Ils pouvaient en effet exiger de leurs distributeurs que ceux-ci ne distribuent aucune autre marque ; en revanche, ces derniers avaient une exclusivité totale sur un territoire qui leur était attribué. Tout cela était valable pour les véhicules neufs comme pour les pièces de rechange. Depuis cette date, les distributeurs peuvent présenter plusieurs marques et sous-traiter leur service après-vente à des professionnels agréés qui peuvent acheter les pièces de rechange auprès des équipementiers les produisant. Enfin, les concessionnaires peuvent créer librement de nouvelles succursales : la notion de territoire a disparu et les entreprises peuvent s'organiser à leur guise dans toute l'Union Européenne.

Ayant eu connaissance du projet de HJ. Schär, une association de distributeurs allemands attaqua MCC craignant que le système appliqué à la smart ne crée un précédent. L'association s'est notamment plainte à Bruxelles avec qui HJ. Schär dut batailler ferme pour obtenir un agrément exceptionnel. C'est donc un système très proche de la franchise classique qu'il fut décidé de lancer, mais n'en portant surtout pas le nom !

Un système de distribution sans grossiste, organisé selon trois niveaux, tous exclusivement consacrés à la smart, fut alors imaginé pour des partenaires commerciaux qui investiraient

- dans des centres régionaux prenant en charge toutes les activités des grands garages : vente, service clientèle, mécanique, véhicules d'occasion. Ces centres seraient situés en périphérie de villes, dans de grands lieux commerciaux à fort trafic, bien desservis par les transports en commun ; il y aurait au moins un centre régional par grande ville sélectionnée ; celui-ci aurait un potentiel de vente d'environ 1 000 véhicules par an ;

- dans des satellites de commercialisation situés dans des centres commerciaux urbains, proposant des services de conseil et assurant des ventes ; il y aurait un à deux satellites de commercialisation pour un centre régional ; ils auraient chacun un potentiel de vente de 500 véhicules par an ;
- dans des satellites de communication situés dans les lieux ciblés de fort passage : aéroports, gares, centres commerciaux, etc. ; leur objectif serait de diffuser des informations et d'être des points d'appui pour la présence de la marque dans ces lieux ; l'idéal serait d'implanter deux satellites de communication par centre régional.

Cette dernière idée (celle de la mise en place de satellites) était peu répandue dans les années 94-96. Elle reprenait celle du « *showroom* » dont le but est de renforcer l'identité de la marque concernée et d'assurer la proximité de celle-ci par rapport à la clientèle visée. Plus globalement, l'équipe marketing pensait initialement qu'avec une telle structure de démultiplication, la création de 90 centres régionaux devrait suffire pour couvrir les villes de plus de 100 000 habitants situées dans les pays cibles. Il restait maintenant à convaincre 90 investisseurs de s'engager dans une aventure où tout était nouveau : le véhicule, la société, la production, la marque et le mode de distribution !

La recherche de partenaires distributeurs

Ce modèle mis au point, l'équipe de HJ. Schär monta l'opération de recherche de partenaires. Une campagne systématique d'annonces fut lancée dans les journaux et permit de susciter les premières candidatures. Chaque candidat se vit remettre un kit d'information très complet décrivant le produit, son caractère innovant, le marché, le mode de commercialisation prévu et une simulation de « *business plan* » évaluant la rentabilité d'un investissement compris entre 3 et 4 M€ suivant le prix du terrain. À ce kit de présentation était joint un questionnaire des-

Une véritable campagne de rectrutement des distributeurs.

tiné à s'assurer de la compétence et de la motivation des candidats. Ils étaient ensuite interviewés par un cabinet de recrutement avant d'être rencontrés longuement par l'équipe marketing.

À l'issue de cet entretien, les candidats jugés susceptibles d'être retenus étaient reçus par HJ. Schär. En novembre 1995, une grande manifestation fut organisée pendant deux semaines à Winterthur où une smartville avait été mise au point pour recevoir, le temps d'une journée, 120 partenaires potentiellement intéressés et jugés compétents. Ils pouvaient y voir les prototypes, y constater l'avancement des travaux de l'usine en construction, y rencontrer les dirigeants de MCC AG, et se convaincre de l'ampleur et de la qualité du projet. Cette journée était l'occasion pour eux d'entrer dans les détails de leur projet de contrat de partenariat et d'envisager toutes les situations, mais il n'était pas question de négociation sur les différents termes du contrat, car HJ. Schär s'y refusait absolument. Les détails du contrat sont présentés dans l'encadré ci-dessous.

Le contrat de partenariat avec les distributeurs (standard défini en 1995)

Le distributeur a un statut commercial indépendant et autonome qui protège ses investissements.

Il n'y a aucun intermédiaire entre le distributeur et MCC AG de manière à accroître la réactivité du dispositif et à minimiser les coûts.

MCC AG concède au distributeur, pour ses produits et ses concepts, une licence de distribution de véhicules neufs, de perfectionnement des véhicules, de vente de pièces de rechange, d'entretien et de réparation des véhicules, de commercialisation de prestations de service.

Exclusivité territoriale : MCC AG assure au distributeur le droit exclusif de distribuer la gamme de ses produits dans une région donnée. Le distributeur s'engage à distribuer exclusivement le city-coupé et ses dérivés, sous sa propre responsabilité et à ses propres risques d'entrepreneur. MCC AG se réserve cependant le droit de vendre en direct sa gamme de produits et de services aux institutions et services publics, aux organes ou collaborateurs de MCC AG, de Daimler-Benz et de SMH, ainsi qu'aux grands comptes (avec dans ce cas une indemnité compensatoire pour le distributeur).

La totalité des produits et des services liés au concept doivent être diffusés par les distributeurs, sans exception, car c'est la gamme complète qui fera le succès.

Le respect de l'image de marque et des prescriptions définies par MCC AG doit être absolu concernant tout investissement susceptible d'avoir un impact sur l'image de la marque.

Un manager par pays coordonnera pour MCC le réseau de distribution dans le cadre d'une planification commerciale établie d'un commun accord.

Un « Comité Consultatif de Franchisage » sera instauré avec MCC AG et les distributeurs par lequel :

- MCC AG assurera la mise en œuvre administrative des mesures nécessaires,
- MCC AG organisera l'échange d'expérience entre les distributeurs,
- le distributeur assurera l'écoute du client et remontera l'information,
- le distributeur pourra intervenir sur les orientations stratégiques ou la définition des actions de marketing de la marque.

MCC AG s'engage à mettre à la disposition des distributeurs :

- les instruments et l'organisation nécessaires à l'exploitation,
- les matériels et logiciels informatiques,
- des programmes de formation,
- une assistance pour la sélection et la promotion du personnel,
- des conseils pour l'activité d'entretien et de réparation,
- des conseils pour l'activité concernant les véhicules d'occasion,
- une assistance et des conseils pour la gestion des stocks,
- une connexion directe au service de gestion des stocks de MCC AG,
- un accès à une banque de données concernant la clientèle et ses véhicules, conforme à la législation européenne sur les échanges de données (NF/EN/1 475/85),
- un kit d'outils marketing pour la communication vers la clientèle, la publicité, la promotion, l'organisation du point de vente et le merchandising, en échange de paiement,
- un système général de qualité ISO 9 001 dont le concessionnaire peut bénéficier à coût réduit,
- des études sur le marché, la qualité, les politiques de prix, les expériences des autres distributeurs à travers le Comité Consultatif de Franchisage,
- des études de leur secteur géographique pour optimiser l'implantation des différents niveaux de distribution : centre régional, satellites de vente, satellites de communication, et cibler au mieux l'achat de leur terrain,

- une assistance à la détermination des investissements nécessaires pour le centre régional, et à l'optimisation d'un financement associant le capital apporté par le distributeur et un crédit bancaire,
- une proposition de plan-prêt pour la construction et une assistance à la réalisation d'un centre régional clé en main.

Le distributeur s'engage à :

- organiser et entretenir le système de distribution conçu par MCC AG (avec le centre régional et les satellites),
- garantir le financement de son entreprise avec 1/3 de capital propre et 2/3 de financements extérieurs,
- informer régulièrement MCC AG de ses résultats, lui transmettre ou lui permettre de consulter les documents nécessaires à cet effet,
- ne confier la gestion de son entreprise qu'aux personnes répondant aux critères de qualification définis avec MCC AG,
- participer aux cours de formation qui seront proposés à des conditions particulières, et inciter son personnel à y participer,
- mener son activité conformément au système de gestion globale de la qualité établi par MCC AG,
- mener ses activités conformément aux directives (1 836/93) de l'Union Européenne concernant l'environnement et en particulier organiser un système de récupération des déchets d'atelier,
- établir une prévision annuelle de ventes qui servira de base pour définir un minimum de commandes par le distributeur et un planning de production pour MCC AG,
- ne traiter les ventes de flottes, de parcs de location qu'en liaison étroite avec MCC AG,
- respecter la stratégie, les concepts publicitaires et les grandes lignes de l'image de marque,
- investir un pourcentage raisonnable de son chiffre d'affaires annuel auprès de MCC AG pour couvrir partiellement les droits de licence.

Un budget des opérations de publicité est établi chaque année et doit atteindre un minimum par véhicule neuf et par véhicule d'occasion vendu.

À la signature de ce contrat un versement unique d'environ 30 000 € est exigible pour couvrir l'analyse du marché local et la sélection de l'implantation.

Certains candidats trouvaient ces conditions trop rigides, et la presse allemande se fit l'écho de propos les jugeant trop durs car liant totalement les distributeurs à MCC. HJ. Schär continua cependant à refuser toute négociation ou arrangement, considérant que les termes du contrat avaient été établis avec beaucoup de soins et qu'ils étaient pertinents. Il ne voulait pas avoir à gérer par la suite 90 contrats présentant chacun des caractères différents ! Mais en définitive, le dispositif se révéla convaincant. La notoriété et l'expérience commerciale des deux entreprises parentes du projet (Mercedes et Swatch) et le potentiel d'innovation vinrent à bout des plus réticents. La plupart des candidats retenus étaient déjà impliqués dans le domaine automobile ou avaient pratiqué le système de la franchise, dont 50 % en tant que concessionnaires Mercedes, 40 % en lien avec d'autres marques de voitures, les 10 % restant ayant une expérience significative de la franchise dans d'autres activités que l'automobile.

LA COMMERCIALISATION PAR LES SMART-CENTERS

Un concept architectural novateur

En même temps que se déroulait la campagne de recrutement des partenaires distributeurs, l'équipe de marketing achevait de plancher sur le concept de smart-centers (les lieux physiques de commercialisation) que l'on voulait originaux en tant que supports de la communication et de l'identité de la marque. L'idée maîtresse était de faire du point de vente un lieu où l'on vivrait une expérience, car il serait doté d'une ambiance caractéristique, comme sont parvenus à le faire des Swatch, Gap et autres IKEA. Un important travail d'architecture et de design avait été réalisé pour cela. La forme que devraient adopter les smart-centers venait d'être retenue avec le concept de la tour haute et transparente. Ce concept traduit la philosophie de la marque : il a été pensé non seulement en tant que service fonctionnel de commercialisation et d'entretien, mais aussi comme un élément de design.

Le concept architectural des smart centers traduit la philosophie de la marque.

smart-center

Le concept prévoyait de faire du smart-center un lieu dans lequel on aurait envie de venir pour son architecture et pour son ambiance, l'éloignant en tout de l'expérience traditionnelle de la visite d'un garage ou d'un lieu technique. Traduisant l'atmosphère jeune et transparente de la marque, le smart-center devait s'insérer sans heurts dans le paysage tout en étant très visible. Le smart-center étant conçu pour s'adapter à tous les pays d'Europe, le visiteur devrait y trouver tout ce qui ferait de l'achat un plaisir et un événement, avec un bar et la possibilité de voir et de choisir les options d'accessoires du véhicule, mais aussi d'acheter d'autres accessoires de mode ou de marque : sacs de voyage, trousses, lunettes de soleil. La visite devrait y être agréable pour que l'on y revienne volontiers. Mieux, si l'on s'installait pour une heure ou deux, il devrait être possible de partir dans la voiture que l'on viendrait de choisir comme on le fait lorsqu'on achète une montre, un bijou ou un vêtement !

Pour cela, le centre devrait posséder un stock de véhicules terminés dans lequel le modèle acheté serait prélevé : ce serait la fonction de la tour transparente où des voitures multicolores s'empileraient comme des boîtes de jeux. Le concept prévoyait qu'il devrait être possible de personnaliser le véhicule (montage des panneaux de couleurs et des accessoires) pendant que le client accomplirait les formalités d'achat. On devrait en effet pouvoir acheter une smart comme on achète une Swatch. Mais la smart étant une voiture, et le centre permettrait de voir des moteurs écorchés, à la fois pour informer et pour rassurer : on y montrerait tout, comme chez IKEA et comme pour la Swatch. La technique serait démystifiée, à portée de main avec des démonstrations vidéo et un simulateur de conduite. On s'imaginerait au volant : elle deviendrait familière. Pendant ce temps là, derrière la cloison transparente, des mécaniciens en blanc assureraient les opérations d'entretien.

L'organisation de l'espace devrait refléter ce concept : ainsi, sur les 1 400 m² d'un smart-center, 450 m² seraient dévolus à la présentation des véhicules et à la vente, 150 m² au bar et à la vente d'objets, 200 m² aux espaces de travail des mécaniciens, 200 m² à l'entrepôt de composants et 300 m² au stockage des véhicules neufs et à la station de personnalisation. Enfin, les bureaux de l'administration occuperaient les 100 derniers m².

Coûts et rentabilité

Tout cela était fort séduisant mais cher, et il fallait pouvoir assurer au distributeur la rentabilité d'un investissement qu'il allait devoir financer lui-même, suivant la règle prévue par contrat de l'apport du tiers de l'investissement par capitaux propres et des 2/3 restant par financements extérieurs. Le coût moyen se décomposerait comme suit, suivant les calculs standards effectués par l'équipe marketing :

Il fallait assurer au distributeur la rentabilité de son investissement.

5 000 m^2 de terrain à 300 €/m^2	1,5 M€
Bâtiment du centre régional et des satellites	1,7 M€
Installations	0,5 M€
Soit un total à investir de	3,7 M€

dont on demanderait au distributeur d'apporter le tiers en fonds propres, soit environ 1,2 M€.

D'après les études prévisionnelles, un smart-center vendrait, à l'horizon de 4 ans, 1 300 voitures par an, assurant au distributeur une marge suffisante pour garantir cette fameuse rentabilité. Mais il ne fallait pas tarder : nous étions au début de l'année 1996 ; deux ans plus tard, la chaîne de production de Hambach commencerait à livrer les voitures à mettre sur le marché, et toute la structure commerciale devrait alors être en place. L'identification exacte des emplacements, l'achat des terrains, les procédures de permis de construire, la réalisation des travaux de construction et des installations intérieures requerraient bien ce délai avant que MCC AG ne puisse remettre au distributeur les clés de son smart-center.

C'est dans ces conditions que se sont implantés environ 90 smart-centers, dont 40 en Allemagne, 15 en France, et le reste principalement en Italie, en Suisse et en Autriche. En fin de compte, ce réseau de vente, dont MCC contrôle chacun des éléments, représente un investissement total de près de 320 M€ qui aura été financé, là encore, par les partenaires et les banques !

Partie 3

La reconfiguration du projet et le pilotage des partenariats

Chapitre 9

Crise et reconfiguration du projet

« On cherche à améliorer les résultats dans un sens où tout le monde est gagnant, mais on ne s'interdit pas de changer de partenaires. »

Andreas Renschler, PDG de MCC

LE SCHISME

Première déception de N. Hayek

Ne dit-on pas que la durée moyenne d'un *« joint venture »* est d'environ 7 ans, ce que certains rapprochent, avec un brin de cynisme, de la durée moyenne d'un mariage ? On sait par expérience que les partenariats d'entreprises ont une fâcheuse tendance à occasionner d'importants moments de paralysie. Les multiples chaînes de décision et de contrôle produisent des effets d'inertie qui limitent la réactivité des *« joint venture »*, GIE et autres consortiums. On se souvient du président d'Airbus se plaignant de ce

Il vaut mieux parfois rompre l'association.

1. Nous avons décrit les difficultés des alliances entre Ford et Volkswagen en Amérique du Sud (Autolatina) dans les années 90 et au Portugal (Autoeuropa) dans les années 95 dans une étude de cas déposée à la CCMP (*Joint Ventures within the automotive industry*, Centrale des Cas et des Médias Pédagogiques, Paris).

que, pour changer la forme de la poignée d'un panneau de rangement, ses équipes avaient dû batailler pendant trois mois avant d'obtenir une décision du GIE sur le design, les spécificités techniques, le coût et la responsabilité de la localisation de la fabrication et/ou du fournisseur, alors qu'il fallait moins d'une semaine à Boeing pour prendre semblable décision et la mettre en oeuvre. La raison de ce phénomène tient au partage des décisions, chaque partenaire d'Airbus, par exemple, devant être consulté et donner son accord dans la plupart des cas. C'est le propre de la quasi-totalité des situations de partenariats inter-entreprises. Aussi l'évolution de ces structures de décision est-elle l'une des questions majeures posées lors de l'élaboration des projets partenariaux. Il vaut mieux parfois rompre l'association quand les conflits d'objectifs deviennent patents[1]. Cela va se produire dans l'association Hayek/Mercedes au moment du lancement de MCC France.

On peut considérer que de la mi-94 à la mi-97, le projet a connu une phase d'innovations continues : innovations techniques, juridiques, organisationnelles, financières, commerciales. Les trois « *Geschäftsführer* » ont coordonné les différents stades de réalisation du projet dans toutes ses dimensions ainsi que les différents sites sans trop de difficultés. Et si, lors des réunions avec leurs « parrains » MM. Hayek et Hubbert, les éclats de voix de N. Hayek franchissaient parfois les cloisons, l'ampleur et la nouveauté du projet permettaient de dépasser les antagonismes. C'est l'addition de plusieurs éléments de désaccord et du déséquilibre entre les poids financiers des deux partenaires originels qui va conduire à la séparation. L'alliance SMH/Mercedes se terminera suffisamment tôt pour éviter la paralysie et, paradoxalement, sans doute sauver le projet.

La participation de N. Hayek au projet a toujours été orageuse : passionné et porteur d'un concept fort, il a, depuis l'origine, défendu avec une très grande vigueur ses idées. Sa force était de ne pas être un expert du secteur automobile ; il avait l'œil neuf et visionnaire et il n'hésitait pas à passer outre les contraintes qui apparaissaient sur le plan technique et qui conduisaient son partenaire à défendre des points de vue différents. Une longue série de divergences firent ainsi l'objet de tensions, dont celle qui concerna le nom à donner au futur véhicule. N. Hayek aurait souhaité « Swatch Car » ou « Swatch Mobile » pour faire référence à son grand succès et rapprocher l'image de la voiture de celle de la montre. Mais dès mai 1995, comme nous l'avons vu, l'appellation « smart » avait été retenue comme compromis habile entre les entreprises parentes Swatch et Mercedes. L'appellation était d'ailleurs unanimement considérée comme excellente sur le plan commercial. Néanmoins, s'il dut accepter ce choix, il en fut blessé dans son amour-propre.

Les difficultés de la transparence comptable

Pendant la phase de développement, un élément *a priori* secondaire va également activer une tension permanente entre N. Hayek et Mercedes d'une part, et entre N. Hayek et les grands partenaires industriels d'autre part. Il s'agit du système de transparence comptable qui avait été adopté pour mettre au point, entre partenaires, le référentiel concernant les coûts. On se souvient que Hayek Engineering était en charge de leur suivi, de leur contrôle et de leur optimisation, et qu'à ce titre, cette société avait une influence prépondérante dans l'organisation de la transparence comptable. Or, celle-ci se révéla difficile à mettre en oeuvre. Politiquement, il était délicat pour des représentants de sociétés aussi importantes que Mercedes ou Krupp-Hoesch d'accepter ce qui apparaissait comme l'ingérence d'un tiers dans leurs affaires.

Il était délicat pour Mercedes et Krupp-Hoesch d'accepter l'ingérence d'un tiers dans leurs affaires.

Les difficultés techniques, quant à elles, étaient multiples : elles tenaient aussi bien aux périmètres de charges à prendre en compte qu'aux méthodes de calcul analytiques à utiliser ou à la compatibilité des logiciels employés par les uns et les autres. Cela nécessitait des travaux de rapprochement et de comparaisons qui devinrent très vite fastidieux et constituèrent des sources d'irritations. N. Hayek insistait toujours très fortement pour que le véhicule sorte à un prix choc, élément essentiel à son image et à sa diffusion. Mais la puissance des grandes sociétés et l'inexpérience de certains « *team-leaders* » firent évoluer les rapports de force en direction des plus chevronnés et des plus expérimentés : les jeunes cadres étaient en effet peu préparés à prévoir les surcoûts et à envisager tous les risques. Or, la méthode, sans qu'ils l'avouent, satisfaisait les partenaires car elle permettait à chacun d'afficher des coûts et des temps unitaires parfois peu contrôlables, de les faire entrer dans les calculs d'optimisation… et de les faire ipso facto accepter pour la suite ! Finalement, Hayek Engineering cessa d'exercer sa fonction de contrôle et d'harmonisation, à la grande déception de son fondateur.

Le choix définitif du moteur : thermique contre hybride…

En 1995, le choix du moteur n'était pas encore fait.

Dès le 17 avril 1995, un prototype de smart existait et put être présenté au cours d'une conférence de presse dans les locaux de la Faïencerie de Sarreguemines. Cependant, la définition du véhicule était loin d'être terminée, et des évolutions tout à fait significatives allaient se produire. La motorisation était l'un des éléments non définis. Or, elle faisait l'objet d'enjeux importants pour chacun des partenaires. On se souvient que le choix du moteur était déterminant pour l'alliance entre SMH et Mercedes. Rappelons le : depuis plusieurs années, N. Hayek faisait en effet étudier par une petite équipe d'une quarantaine de personnes (SMH-Automobile) de petits moteurs pour équiper la Swatchmobile. C'est ainsi qu'un moteur de 250 cm^3 avait été inventé, avec une boîte de vitesses à 6 rapports. Mais il était si peu puissant qu'il ne permettait pas de disposer d'un chauffage à l'intérieur de la voiture ! De son côté, J. Tomforde avait construit dès 1993 dans l'Advanced Design Studio de Mercedes, en Californie, un prototype de microvoiture à propulsion électrique. Mais, trop cher et trop lourd, le projet ne s'était pas avéré concluant. L'un et l'autre avaient donc travaillé sur des systèmes hybrides, électriques et thermiques. Il avait été convenu que, pendant que J. Tomforde se consacrerait au développement du nouveau véhicule, SMH pousserait les études sur la propulsion hybride, tandis que Mercedes perfectionnerait un petit moteur thermique que la société fabriquait dans son usine de Berlin.

Or, en septembre 1996, les travaux sur le moteur hybride étaient fructueux et prometteurs, et de nombreux brevets avaient été mis au point, mais l'on était encore trop loin d'un produit opérationnel pour envisager sérieusement de le mettre à très court terme entre les mains du public. Voilà pourquoi les premiers essais d'une smart sur la piste de Hambach qui venait tout juste d'être achevée furent effectués avec le moteur Suprex produit par Mercedes à Berlin. En juin 1997, la voiture fut présentée à la presse spécialisée avec ce même moteur, alors définitivement et officiellement retenu. Pour N. Hayek, c'était un mauvais coup car il comptait sur son moteur hybride pour consolider l'apport technique de SMH au projet et pour obtenir une valeur ajoutée plus substantielle lors de la vente du véhicule final.

Cette question du choix du moteur n'est toutefois que l'un des nombreux éléments de divergence apparus progressivement entre les alliés. Le produit ne correspondait plus à la vision de N. Hayek car, au fur et à mesure de son développement, le véhicule s'était de plus en plus banalisé et « mercedecisé » : propulsion conventionnelle, prix excessif... Les difficultés financières qui s'annonçaient allaient être l'occasion pour N. Hayek d'envisager sa sortie.

Les difficultés financières de MCC AG précipitent la sortie de N. Hayek

Courant 1997, la situation financière de MCC AG commença à se détériorer sérieusement : avec l'avancement des travaux, il devenait absolument nécessaire de recapita-

La smart n'était plus le bébé de N. Hayek.

115

liser la société pour financer la poursuite du développement et combler les pertes accumulées. Celles-ci préoccupaient fort SMH qui devait les consolider dans son bilan. Aussi, quand, en septembre 1997, le capital dut nécessairement passer de 50 MCHF à 100 MCHF, N. Hayek décida-t-il de ne pas suivre. Il revendit à Daimler-Benz une partie de son capital dans MCC AG pour ne plus détenir que 19 % des parts, ce qui lui permettait de ne plus consolider les pertes dans le bilan de SMH. Enfin, quand le 4 novembre 1998, soit un peu plus d'une année après son premier retrait partiel, SMH se retira complètement du projet en vendant ses parts à DaimlerChrysler (le nouveau géant de l'automobile créé par la fusion de Mercedes et de Chrysler), personne ne fut étonné. N. Hayek tirait l'échelle : la smart n'était plus son bébé. DaimlerChrysler prenait le pouvoir et la smart serait une voiture Mercedes ! SMH valorisant 400 MFRF, la vente de ses 19 % du capital de MCC rapportait une belle plus value. Quant à N. Hayek, il annonçait qu'il partait sur un projet concurrent…

Sur le plan financier l'opportunité de maintenir la société en Suisse n'était plus non plus aussi évidente : les raisons fiscales (faciliter la consolidation des pertes et des profits) n'étaient plus justifiées étant donné que la société prévoyait des pertes pour plusieurs années : on avait espéré des profits au bout de 3 ans après le lancement, mais cela paraissait désormais irréaliste. Au contraire, il était devenu intéressant pour DaimlerChrysler, redevenu bénéficiaire, de pouvoir absorber les pertes directement en Allemagne. Le siège de MCC AG fut donc transféré en Allemagne. Au bout de 5 années de créativité débridée, l'alliance prenait fin. Les mentalités étaient trop incompatibles et les tailles des entreprises parentes trop dissemblables. L'alliance ne pouvait plus continuer : avec des moyens financiers sans rapport avec ceux de Daimler-Chrysler, SMH ne pouvait suivre le développement de cette affaire.

CRISE ET RÉORGANISATION

J. Schrempp réorganise

Les « *teams* » fonctionnèrent jusqu'en 1997, année charnière dans la réalisation du projet. Entre avril et mai de cette même année, le véhicule fut totalement défini, ce qui laissait à peine un an pour la mise au point de la production avant le lancement commercial prévu pour mars 1998. Mais le début de l'année avait vu une profonde réorganisation. Accédant à la présidence de Daimler-Benz, J. Schrempp comprit mal l'approche qu'avaient eue N. Hayek et J. Tomforde ; il s'inquiéta notamment de la dérive des coûts, faisant observer que si les 3 « *Geschäftsführer* » avaient beaucoup travaillé, la gestion du projet laissait fort à désirer.

Le président de Daimler-Benz s'inquiéta notamment de la dérive des coûts.

Il décida donc de nommer un nouveau Président du Directoire de MCC AG et de MCC France. En janvier 1997, il mit en place Lars Brörsen avec pour mission de piloter cette troïka d'entrepreneurs perçus comme incontrôlables. Ceux-ci, évidemment, le prirent très mal. Il installa en même temps H. Bölstler comme Directeur Général de MCC France, car l'usine commençait à s'étoffer en personnel et il fallait lancer la mise en place de l'exploitation. Le premier a laissé peu de traces dans les annales (il n'est resté qu'un an et demi), mais le second sut maintenir ce qui avait été impulsé par J. Tomforde et poursuivre dans la phase de lancement de la production ce que celui-ci avait initié dans la phase de développement. Il parvint à faire fonctionner sans trop de difficultés ce site industriel hors-norme.

Avec l'arrivée de ces deux nouveaux dirigeants, le temps de l'innovation et de la créativité connurent une pause. Commença alors le temps de l'organisation industrielle et de la rationalisation. En septembre 1997, le salon IAE de Francfort fut un franc succès pour la smart ; à Monaco, elle obtint le Prix de l'Innovation et la presse y publia des articles très favorables. Ce même mois, on inaugura en grande pompe, en présence du Chancelier Kohl et du Président Chirac, la nouvelle usine de Hambach. En même temps se préparait à grands efforts le lancement commercial de la smart pour mars 1998, quand, en octobre 1997, survint un événement qui allait avoir des répercussions considérables sur le projet smart : l'affaire de la Classe A.

L'affaire de la Classe A et ses conséquences

On fit subir à la smart le test de l'élan.

Lors d'une démonstration, un exemplaire de la Classe A (nouveau modèle de la marque Mercedes) se renversa devant des journalistes au cours du fameux test de l'élan ! Le principe de cet essai conçu par les nordiques est de simuler l'évitement d'un élan traversant une route : on lance le véhicule puis on le fait slalomer entre des piquets très rapprochés. Test infernal ! Les répercussions de cet accident furent immédiates : et si la même aventure devait arriver avec la smart ? On imposa donc à J. Tomforde de lui faire subir ce même test avant toute présentation publique et officielle de la voiture. J. Tomforde savait que la smart ne pouvait pas résister à cet essai, car son moteur trop haut la rendait peu stable. C'est pourquoi il demanda, mais en vain, des crédits supplémentaires pour élargir un peu la voiture et changer le système d'amortisseurs. En novembre 1997, il accepta tout de même de réaliser ce test... et la voiture se renversa !

J. Hubbert trouva là le prétexte à la mise au point d'un très sérieux audit sur l'ensemble du projet. Il fut alors constaté que ni le véhicule, ni l'usine, ni le réseau ne seraient vraiment prêts pour mars 1998. Le 19 décembre, H. Brörsen, revenant à Hambach d'un Conseil d'Administration de la société, annonçait le report de 6 mois de la production de la smart et de son lancement commercial : cela donnerait le temps nécessaire à l'amélioration de sa tenue de route. Le 20 décembre 97, J. Tomforde apprenait son licenciement par un fax venant de Stuttgart ! Un mois plus tard, C. Baubin partait lui aussi. Il semble bien qu'au plus haut niveau de DaimlerChrysler, il y ait eu en cette fin d'année 1997 de sérieuses interrogations sur la viabilité commerciale et industrielle du projet smart et sur sa poursuite. Les temps changeaient, il ne suffisait plus d'innover techniquement, industriellement et commercialement ; il fallait maintenant mettre au point une organisation efficace et rentable. Il fallait d'autres hommes. Le projet rentrait dans le rang.

PARI TENU !

La production est lancée et enfin mise sur le marché

L'annonce du report de 6 mois du lancement commercial de la smart, prévu désormais pour octobre 1998, fut très gravement ressentie dans l'usine et dans la région. Maintenir le capital technique et humain qui avait été constitué jusqu'ici à Hambach et éviter tout chômage technique nécessita une importante implication de la part des dirigeants : il fallait notamment ne pas laisser partir les nouvelles recrues et manifester par des actes l'intention de poursuivre les relations partenariales établies avec le personnel et la Région. On fit donc venir 3 000 Mercedes Classe A pour les retoucher à Hambach sur une ligne provisoire afin d'occuper 150 personnes ; on en déplaça momentanément 40 pour les envoyer dans l'usine de Rastatt ; 150 autres furent transférées sur le site de Lahr/ Kippenheim, dans une autre usine du groupe Daimler-Benz, et 50 furent employées par Behr Lorraine. Le cap difficile du printemps 1998 put ainsi être dépassé et la production en série lancée en juillet 1998 pour préparer la mise sur le marché de la smart à l'automne.

Heureusement, les drames ont une fin : le 20 septembre 1998, une journée portes ouvertes fut organisée dans smartville à la veille du lancement commercial. Ce fut un triomphe : alors qu'on attendait 20 000 à 30 000 personnes sur le site, ce furent 100 000 visiteurs qui participèrent à cette grande fête. Elle marqua, avec le Salon de

Un cap difficile à passer.

l'Automobile de Paris au début du mois d'octobre, un tournant dans la réalisation du projet, autant pour MCC que pour la Région Lorraine. Même s'ils n'étaient pas tous là pour y assister, le rêve de N. Hayek, de J. Tomforde, HJ. Schär et C. Baubin, de J. Hubbert et de tous ceux qui y avaient cru devenait réalité. La détermination était payée de retour, le pari était tenu : entre février 1994 et octobre 1998, un concept automobile nouveau était né, un véhicule avait été développé, un site industriel remarquable avait été bâti, une marque avait été lancée et une société nouvelle créée, à un moment où la construction automobile était en phase de contraction et de regroupement. Devant l'importance de la tâche accomplie, les surcoûts et les 6 mois de retard ne paraissent pas si graves.

L'ampleur de ce projet n'a pas toujours été perçue, car la plupart des observateurs, clients ou constructeurs, n'ont vu que le concept de la nouvelle voiture. Ses principales faiblesses résident sans doute dans les objectifs manqués concernant la propulsion électrique ou hybride, le prix de revient et la rentabilité de l'affaire. C. Baubin déclarera lui-même : « *Ce projet ne s'est pas avéré profitable comme nous l'avions pensé, parce que nous avons innové dans trop de domaines à la fois : conception, marketing, production, distribution… Nous pensions que nous pouvions conduire toutes ces innovations de front, ce qui n'était manifestement pas possible.* » Il n'en reste pas moins que le projet a abouti.

La nouvelle structure MCC

DaimlerChrysler prend le contrôle exclusif de MCC.

En cette fin d'année 1998, le projet smart est parvenu à un nouvel équilibre. Depuis le dessein de N. Hayek, les choses ont fortement évolué, puisque nous nous trouvons maintenant dans une configuration moins complexe : la société MCC GmbH a en effet désormais comme seul actionnaire DaimlerChrysler. La société suisse MCC AG a été dissoute. Le siège de MCC est donc transféré à Renningen (puis à Böblingen en 2002) et regroupe, avec environ 800 personnes, toutes les fonctions centrales autour de la Direction Générale : recherche & développement, finances, marketing, ressources humaines, achats et production. L'usine de Hambach est placée sous l'autorité de la Direction des achats et de la production. MCC France est rattachée directement au groupe DaimlerChrysler avec comme actionnaire minoritaire la SOFIREM, société filiale des Charbonnages de France.

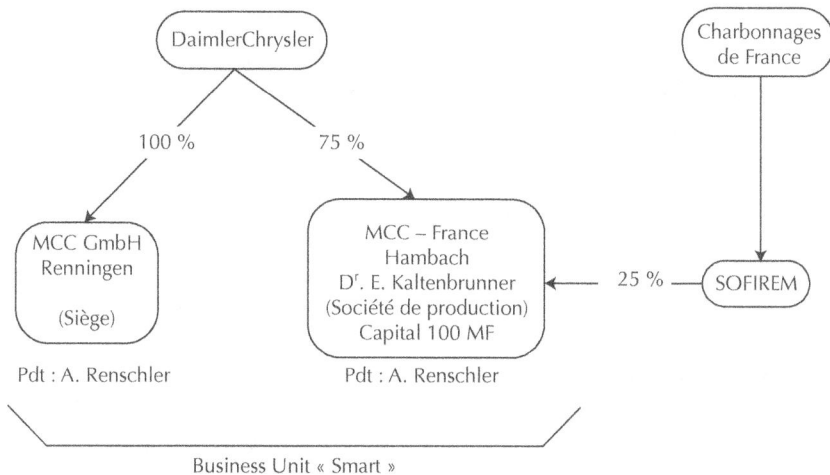

La structure de MCC en 2002

L'organisation de MCC GmbH à Renningen

Les deux sociétés MCC GmbH et MCC France font désormais partie de la Business Unit « smart », au sein de DaimlerChrysler. Les partenariats industriels vont continuer de donner à ce projet son caractère innovant sur le plan de l'organisation et des relations clients/fournisseurs. Mais avec ces restructurations et les changements de personnes, le projet est reconfiguré pour développer les ventes et être rentable. Le message de J. Schrempp est très clair sur ce point quand il annonce à la presse en mai 1999 : « *Si l'on ne réalise pas 80 000 voitures par an, je ferme l'usine !* »

Les dates clés de l'avancement du projet smart

- 14.3.94 : l'accord SMH-Mercedes est signé par N. Hayek et H. Werner ; J. Tomforde, C. Baubin et HJ. Schär sont chargés de le mettre en œuvre.
- Été 1994 : Micro Compact Car SA (MCC AG) est créée à Bienne, en Suisse.
- 20.12.94 : le site de Hambach, en Lorraine, est retenu pour l'usine de production.
- 15.5.95 : le chantier démarre sur l'Europôle de Sarreguemines.
- 31.12.95 : MCC France est créée.
- Avril 1996 : le Centre de Recrutement, avec l'ANPE et les Houillères du Bassin de Lorraine, est ouvert.
- 19.9.96 : la première smart est essayée sur le circuit de Hambach.
- Novembre 1996 : l'effectif de MCC France atteint 40 personnes.
- Janvier 1997 : Lars Brörsen devient Président du Directoire de MCC AG et Président de MCC France, avec H. Bölstler comme DG ; il coiffe donc les « trois mousquetaires » ; à ce moment, par le jeu des présidences alternées, J. Hubbert est PDG de MCC AG et N. Hayek Vice-Président.
- 17.4.97 : la smart est présentée à un cercle restreint de journalistes ; la ligne définitive du véhicule est arrêtée.
- 13.6.97 : le moteur Suprex est définitivement prêt et retenu.
- Septembre 1997 : le capital de MCC AG est augmenté ; SMH ne reste qu'avec 19 % du capital ; le véhicule est présenté au Salon de Francfort.
- 27.10.97 : l'usine est inaugurée par MM Chirac et Kohl en présence de J. Schrempp.
- Novembre 1997 : le test de l'élan est manqué.
- 19.12.97 : H. Bölstler annonce le report de 6 mois du lancement commercial.
- 20.12.97 : J. Tomforde quitte l'entreprise.
- 1er juillet 1998 : la production industrielle démarre ; la 1ère voiture client sort de l'usine.
- Septembre-octobre 1998 : sont organisées la journée portes ouvertes à Hambach et le lancement commercial de la smart ; le futur modèle diesel est présenté.
- Novembre 1998 : SMH se retire complètement de l'alliance ; Mercedes reprend les 19 % de SMH ; MCC AG est dissoute ; le siège de MCC est déplacé à Renningen.
- Mai 1999 : J. Schrempp annonce à la presse : « si on ne fait pas 80 000 voitures par an, je ferme l'usine ».

Chapitre 10

Gérer la production
et la qualité en partenaires

« Ici, nous sommes des professionnels de la relation à trois. »

F. Koessler, Responsable Logistique Planification et Processus

LE FLUX D'ASSEMBLAGE DE LA SMART

Permanence de l'organisation modulaire

Si la structure de management de MCC a été en quelque sorte normalisée, le fonctionnement partenarial autour de l'assemblage modulaire a été, lui, maintenu, même si certains partenaires industriels ont changé entre 1998 et 2001. À cette date, la société MCC vend un seul produit, sous plusieurs versions. MCC France est toujours une société au capital de 15,2 M d'euros (100 MF) qui porte un investissement d'environ 427 M d'euros, et fait un chiffre d'affaires voisin de 100 millions d'euros avec environ 730 personnes sur le site de Hambach.

L'organisation modulaire s'est maintenue, même si certains partenaires ont changé.

En nous intéressant aux détails de l'organisation du site industriel, nous allons découvrir les modalités de fonctionnement de ces partenariats et l'esprit dans lequel ils sont vécus. Au printemps 2001, l'organisation comporte douze partenaires-système. Plusieurs d'entre eux ont changé depuis le début du projet, et le tableau qui suit tient compte de ces changements dans l'ordre du flux de production, changements sur lesquels nous reviendrons au chapitre XIII. Toutes ces entreprises sont implantées directement sur le site industriel de smartville. Deux autres fournisseurs importants et quasi-partenaires-système sont implantés à environ 1 km de smartville : ce sont ALTRANS et CONTINENTAL.

Nom du Partenaire	Effectif (mai 2001)	Module	Remarque
Magna Steyer Metalforming	181	Cellule de sécurité.	Société du groupe canadien Magna ; 150 robots ; production d'une carrosserie en 2 heures.
Surtema	227	Peinture de la cellule.	Filiale à 100 % de Eisenmann ; livraison à VDO ; paiement par MCC.
VDO France	132	Cockpit.	Filiale à 100 % de VDO Automotive (filiale de Siemens depuis 2001) ; travail exclusivement réalisé pour MCC.
Krupp Automotive Systems	66	Propulsion.	Livraison à MCC qui l'approvisionne en pièces (en particulier pour le moteur produit par Mercedes Berlin).
Dynamit Nobel	258	Panneaux plastiques.	Filiale à 100 % du groupe MG Technology AG ; livraisons à Magna Uniport, Cubic, MCC et quelque peu à VDO.
Magna Uniport SAS	128	Portes assemblées et hayon arrière.	Société du groupe canadien Magna, indépendante de la précédente ; réception des panneaux de Dynamit Nobel et livraison à MCC ; remplace YMOS depuis 1998 (voir chapitre XIII).
Cubic Europe	26	Impression de surface.	Réception des panneaux de Dynamit Nobel ; renvoi des panneaux décorés.
MCC France	723	Module avant.	Responsabilité du module avant produit antérieurement par BOSCH (voir chapitre XIII) ; responsabilité de l'assemblage final et de la gestion du site (idem).

Mosolf (MLT)	39	Logistique : livraison véhicules finis	Logistique : livraison des véhicules finis ; réception des smart de MCC et livraison aux distributeurs.
Panopa Logistik	31	Gestion des moyens de transport du Site	Suivi de l'arrivée de diverses pièces sur le site et liraison de ces pièces aux partenaires.
Schenker Stinnes Logistics	19	Logistique : transport des pièces vers la chaîne	Logistique en « kanban » des pièces à faible volume vers la chaîne ; réception des pièces de 60 fournisseurs ; livraison à MCC ; a remplacé Rhenus.
TNT	41 (*)	Logistique Rechanges	Logistique rechanges ; réception des pièces de rechange de la part de tous les partenaires et livraison aux distributeurs ; va quitter le site (voir chapitre XIII).
Altrans	(**)	Logistique partenaires	Logistique entre partenaires ; pas de partenariat avec MCC ; hébergement de Continental sur son site de Hambach.
Continental	(**)	Module roues.	Implantation dans les locaux de Altrans, à côté de smartville.

(*) La prestation assurée par TNT sera reprise plus tard par DaimlerChrysler

(**) 2 fournisseurs importants implantés à moins de 1 km de smartville

12 partenaires-système. Effectif total au 30 avril 2001 : 1 871 personnes sur site

Les prestations effectuées par Andersen Consulting et PA consulting ont été reprises par MCC

Rôles et effectifs des partenaires-système présents sur smartville

La « différenciation retardée »

L'assemblage est organisé selon le principe de la « différenciation retardée » : la personnalisation du véhicule, selon les termes habituellement employés en ce qui concerne les options, est effectuée le plus tard possible de manière à rendre la production plus flexible et à constituer le moins de stocks possible. Ainsi, les portes qui, par leurs nombreuses couleurs et leurs décorations, contribuent d'une manière très importante à la personnalisation des véhicules, ne sont montées qu'en fin de parcours, contrairement à la cellule (qui n'a que trois variantes :

La personnalisation du véhicule est effectuée le plus tard possible.

coupé, cabriolet, conduite à droite) et à la peinture (qui n'a que deux variantes : noir et argent) qui sont assemblées en début de chaîne. En revanche, les sous-ensembles complexes contribuant à la personnalisation comme le module arrière et le module avant, sont réalisés et livrés en séquence au dernier moment par les partenaires responsables de leur fabrication.

Le montage suit le parcours décrit par la figure ci-contre : il débute dans l'aile 1 000 du bâtiment « plus » (aile nord du schéma), réservée à VDO, et se termine dans l'aile 4 000 du même bâtiment (aile ouest du schéma) par des essais et des opérations de contrôle. La chaîne de montage part des locaux Magna Châssis, entreprise responsable de la création de la cellule de sécurité, et s'achève chez MLT, société responsable de l'expédition des véhicules terminés. L'assemblage du véhicule se déroule dans la partie du « plus » où la chaîne longe les bords du bâtiment et reçoit directement les modules ou les composants.

Le montage du cockpit

VDO est le seul partenaire de MCC installé dans le « plus ».

VDO, seul partenaire de MCC installé dans le « plus », occupe l'aile 1 000. La carrosserie y arrive par convoyeur. C'est Magna Châssis qui l'a formée et assemblée en deux versions, les coupés représentant 75 % de l'ensemble, et les cabriolets 25 %. Elle a ensuite été peinte par Surtema en deux couleurs, noir et argent, ces deux variantes représentant chacune environ 50 % de l'ensemble. VDO assemble alors la totalité du cockpit : support des commandes en magnésium, lave-glace, ventilateur, colonne de direction, faisceau électrique, cerveau de déclenchement de l'airbag, planche de bord, volant, tiroir, cadrans… En fin d'opération, un robot prend le cockpit sur le gabarit et le positionne sur la cellule qui doit le porter ; il y est alors vissé et collé. Ainsi équipée du cockpit et de la batterie par VDO, la cellule engage son trajet sur le convoyeur vers l'aile 2 000 de MCC.

smartville
principaux flux

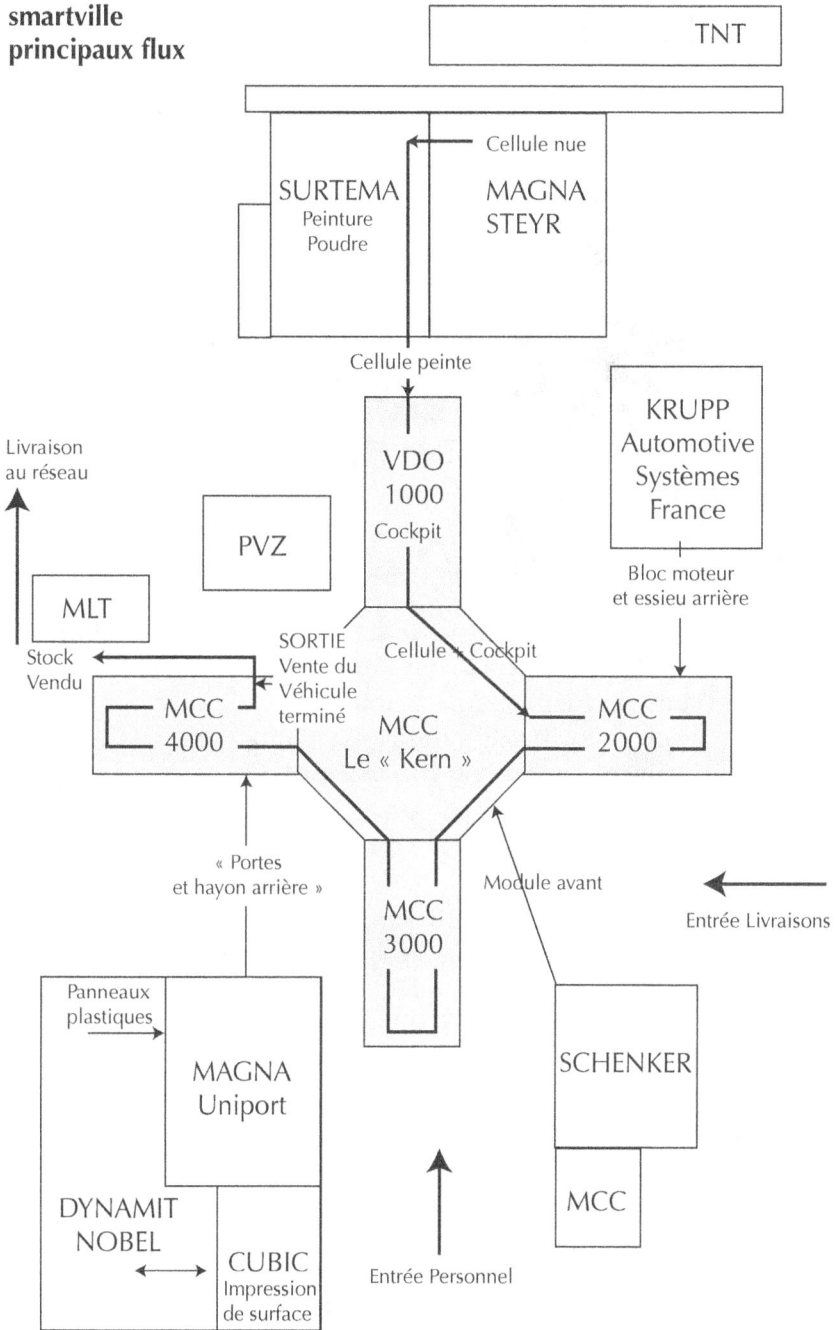

TNT

Cellule nue

SURTEMA
Peinture
Poudre

MAGNA
STEYR

Cellule peinte

VDO
1000
Cockpit

KRUPP
Automotive
Systèmes
France

Livraison
au réseau

PVZ

Bloc moteur
et essieu arrière

MLT

SORTIE
Vente du
Véhicule
terminé

Cellule + Cockpit

Stock
Vendu

MCC
4000

MCC
Le « Kern »

MCC
2000

« Portes
et hayon arrière »

Module avant

Entrée Livraisons

MCC
3000

Panneaux
plastiques

MAGNA
Uniport

SCHENKER

DYNAMIT
NOBEL

CUBIC
Impression
de surface

MCC

Entrée Personnel

Organisation du flux d'assemblage de la smart

La cellule entrant dans l'aile 1 000

Dans cette aile 2 000 occupée par MCC, huit équipes de six à huit opérateurs assurent le montage de l'ABS, des circuits de freinage (qui y sont aussi remplis), des circuits électriques, des conduites de climatisation, du frein à main, et surtout de la partie roulante. Celle-ci est pré-assemblée sur un gabarit qui suit un petit sous-circuit parallèle à la chaîne de montage. Elle est arrimée sur la carrosserie à la « station de mariage ». La partie roulante comporte notamment l'axe avant, le réservoir d'essence, et surtout le module arrière. Celui-ci arrive des locaux Krupp situés à proximité de cette aile. Elle est équipée du moteur, de la boîte de vitesses et de l'essieu arrière.

L'esthétique, le confort, la sécurité...

Avec l'arrivée du module avant, l'esthétique est en jeu.

L'aile 3 000 voit le montage d'un nombre important de pièces à l'intérieur de la voiture. L'esthétique est en jeu. Le module avant, initialement préparé par Bosch dans le bâtiment 22, est maintenant intégré à la chaîne dont il a fallu augmenter le nombre de postes de montage. Ce module comprend les phares, le radiateur, la climatisation, la barre de sécurité. Ensuite viennent la pose du pare-brise, du toit vitré et du pare-soleil, le remplissage des récipients et tuyauteries de climatisation, du radiateur et du lave-glace, la pose des garnitures sous coque, du tapis de sol, des roues (qui arrivent déjà gonflées des locaux Continental, conditionnées par quatre de manière à permettre un montage totalement automatique), de la console centrale, des sièges que Faurecia livre par ensembles de huit, du kit de dépannage…

L'aile 4 000 concerne plus particulièrement l'esthétique extérieure et les tests : montage par huit boulons (avec un gabarit, mais sans réglage) de chacune des portes provenant de Magna Uniport, des CBS (pièces de plastique qui habillent la carrosserie et jouent le rôle de garde-boue) et des rétroviseurs. La voiture est mise en marche ; elle est alors inspectée : les contrôles concernent les freins, les circuits électriques, le passage des vitesses… À partir du moment où le moteur tourne, un boîtier placé sur le volant enregistre les données nécessaires à la traçabilité. Le nettoyage, les contrôles visuels, le test d'étanchéité, la comparaison avec les fiches de suivi de fabrication, PID (« *Product Identification Digit* », DAMI et fiche qualité dont nous allons voir la définition plus loin), puis celle de la fiche de sortie, constituent les opérations finales.

Transfert de propriété et paiement ou correction des défauts

Si le véhicule est conforme à ce qui était prévu, il sort de fabrication en quatre heures et demie, franchit le « point de comptage » et devient la propriété de MCC-GmbH qui l'achète à MCC France pour le revendre aussitôt au distributeur qui l'a commandé. Les partenaires qui ont contribué à le construire sont alors payés et il est remis en responsabilité au prestataire logistique MLT. Celui-ci, après un ultime test de roulage sur piste pavée, le livrera à son propriétaire, le plus souvent par camion. Chacun des camions peut contenir (et donc livrer) 12 smart.

Normalement, le véhicule sort de fabrication en quatre heures et demie.

Si le véhicule n'est pas conforme, il ira sur la place centrale du « plus » (le « *Kern* ») où les différents partenaires sont équipés pour en corriger les défauts. Cela représente moins de 1 % des véhicules. Dans ce cas, il reste administrativement dans le circuit de gestion des commandes. Les partenaires ne sont pas payés tant que les voitures n'ont pas franchi le point de comptage.

L'ORGANISATION DE LA GESTION DE PRODUCTION PAR MCC

Le PID, les délais, le planning hebdomadaire

La gestion
de la production
repose
sur un numéro
d'identification :
le PID.

La gestion de production est basée sur l'attribution de chaque véhicule en production à un client. Conçue avec Andersen Consulting et initialement assurée par cette société, la gestion de la production repose sur un numéro d'identification, le PID. Lorsqu'un client commande un véhicule dans un smart-center, MCC-GmbH enregistre la commande pour proposer une date de livraison à ce même smart-center. L'usine a 15 minutes pour proposer la date de livraison et valider la commande de sorte que le client puisse repartir avec un délai ferme. Le délai moyen est d'environ 20 jours. Si la commande est acceptée par le client, un PID est créé, identifiant le véhicule et le client et définissant la commande avec toutes ses options. Ce PID sera présent au cours de toute la fabrication ; il permettra de lier tous les articles fournis en séquence sur la chaîne ; il servira ultérieurement à assurer la traçabilité des opérations et des pièces.

Quotidiennement, il est établi un calcul des besoins bruts indiquant trois semaines à l'avance les véhicules à réaliser jour par jour (il est en cela complété par une prévision des besoins sur six mois) et déterminant les quantités que chacun des partenaires devra livrer : c'est l'« appel de livraison » ou LAB (« *Lieferung Ab Ruf* »). Cet énoncé des besoins ne tient pas compte des stocks constitués chez les partenaires de la société MCC, cette dernière n'ayant aucun stock. Le LAB est ensuite réactualisé deux fois. Quatre jours avant la fabrication elle-même, l'ordonnancement de la production est fait de manière précise et définitive pour les trois jours suivants. Pour l'établir, on tient compte de règles et de contraintes comme la nécessité d'introduire périodiquement un cabriolet, dont le temps de fabrication est supérieur à celui du coupé, ou de la nécessité de produire un jour 12 véhicules pour le même distributeur afin de pouvoir lui expédier un camion entier, ou encore des contraintes de Surtema pour la peinture. La liste des véhicules à sortir est ainsi fixée. Elle définit pour chaque partenaire les composants qu'ils devront livrer ; la date, les quantités, le PID et l'heure sont précisés dans un PAB (« *Produktion Ab Ruf* »).

Chacun dispose de 3 jours pour s'organiser à sa guise et livrer à l'heure prévue le modèle requis. Il devra approvisionner la chaîne dans l'ordre voulu. La fabrication proprement dite dure huit heures : 3 heures 30 chez Magna et Surtema, puis 4 heures 30 chez MCC. Pour la synchronisation finale « *l'Impuls* » reprend l'information du PAB et précise l'heure de montage. À la sortie d'une carrosserie des locaux Surtema, MCC lui affecte un PID et informe de cet événement tous les partenaires qui livrent en séquence ; ils ont alors encore quelques heures pour réagir. La séquence arrêtée 4 jours à l'avance est ainsi rendue fiable puisqu'elle est respectée à 99.8 % ; elle est en même temps suffisamment courte pour minimiser les stocks.

L'ORGANISATION DE LA GESTION DE PRODUCTION DU POINT DE VUE DES « PARTENAIRES-SYSTÈME »

Des stocks partagés

Les partenaires-système sont responsables de leur production, de leurs achats, de leur stock, et de leur personnel :

Les partenaires-système peuvent gérer des stocks tampons appartenant à d'autres.

ils ont trois semaines pour se préparer à produire et trois jours pour organiser le détail du séquencement que l'on attend d'eux. Dès la réception des LAB, ils connaissent les besoins et peuvent commander à leurs fournisseurs les produits qui leur seront nécessaires. Leur stock concerne leurs matières premières comme la poudre de peinture que Surtema doit commander à Wörvag ou les granules de polybutylène téréphtalate que Dynamit Nobel doit commander à General Electric. Mais, outre leurs en-cours propres, ces partenaires-système peuvent se trouver amenés à gérer des stocks tampons de modules ou de sous-modules qui appartiennent à d'autres partenaires. C'est ainsi que Surtema pilote dans ses ateliers un stock d'environ 500 cellules qui apparaissent dans les comptes de Magna ! Surtema dispose ainsi d'un assez grand nombre de coupés et de cabriolets à peindre pour réaliser la séquence exigée par MCC tout en optimisant les changements de couleurs dans ses propres installations. De même, Dynamit Nobel approvisionne un stock intermédiaire de panneaux de portes pour Magna Uniport dans les coloris en cours de production, de manière à ne pas devoir changer trop souvent les matières premières dans ses presses à injecter. Pour assurer exactement la séquence requise par MCC, Magna Uniport prélève ensuite librement les panneaux qui lui sont nécessaires dans ce stock que Dynamit Nobel gère en « kanban ».

Une relation à quatre de même nature s'établit entre Dynamit Nobel, Cubic, Magna Uniport et MCC pour les panneaux décorés. Pour les décorer au moyen de films couleurs, Cubic prélève des panneaux dans le stock intermédiaire approvisionné par Dynamit Nobel. Ces panneaux seront ensuite remis dans le stock de Dynamit Nobel pour rester à la disposition de Magna qui en fera des portes livrées à MCC. On voit avec cet exemple à quel point les activités des partenaires sont liées les unes aux autres. Sans cohabitation sur un même site, un tel processus serait difficile à réaliser. Mais le plus important, c'est la confiance établie ici entre les partenaires ; elle est déterminante : il leur faut en effet accepter que l'on puisse extraire des pièces d'un stock leur appartenant pour les y remettre après qu'elles aient suivi un certain circuit. Les relations entre les partenaires système sont ainsi totalement imbriquées.

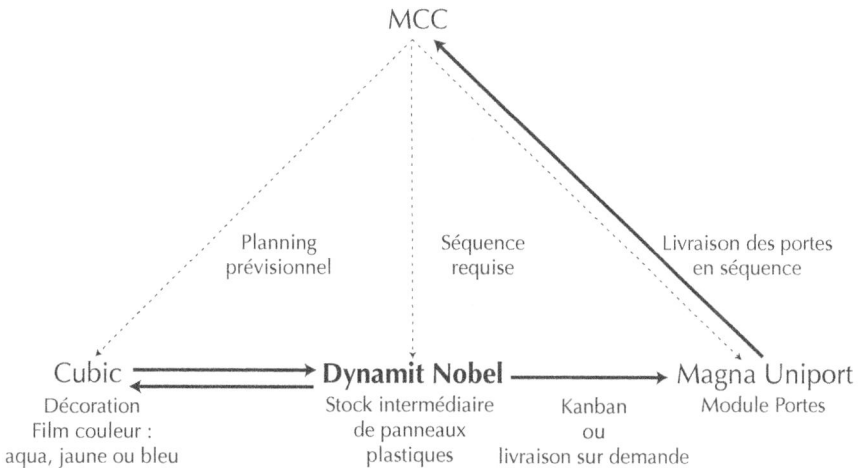

Le stock de produits intermédiaires de Dynamit Nobel

Les stocks de pièces non séquencées

En ce qui concerne les pièces invariantes (pour lesquelles, par conséquent, la séquence n'a pas de sens), ou certaines petites pièces ou pièces de normes, qui sont nécessaires à MCC pour la chaîne de montage, une autre relation à trois est établie : elle réunit le fournisseur extérieur, MCC et Schenker, prestataire logistique intermédiaire. Ce dernier tient à smartville un stock tampon ou stock avancé, le TUF (« *Teil Umschlag Fläche* ») que le fournisseur approvisionne de son propre chef et qui lui appartient. Schenker assure à l'entrée du TUF un simple contrôle sur la qualité de la livraison (état de la palette, nombre de containers…), gère ce stock, vérifiant qu'il est situé entre le minimum et le maximum nécessaires, et livre ensuite MCC en « *kanban* ». Le fournisseur reçoit de MCC les LAB qui définissent les besoins à trois semaines des « sorties de stock avancé ». Il reçoit des informations par

Pour certaines pièces, une relation est établie entre le fournisseur, MCC et Schenker.

les « avis de consommation » que MCC produit pour chaque véhicule. C'est d'ailleurs sur ce dernier élément qu'il sera lui aussi payé, comme les partenaires-système. Schenker, en revanche, est payé quand le conteneur sort du stock avancé. Schenker approvisionne alors MCC avec ses chariots qui amènent le produit directement sur la chaîne ; selon le concept du « kanban » à deux bacs, il s'assure que deux conteneurs y sont présents en même temps : l'un est plein et l'autre en cours d'utilisation, l'opérateur sur chaîne venant se servir.

Schenker travaille ainsi avec environ 80 fournisseurs, alors que, chez la plupart des constructeurs, ce sont environ 200 fournisseurs qui font l'objet d'une gestion directe. Son rôle est à la fois simple et indispensable, assurant la neutralité de la relation entre les fournisseurs et MCC, et réduisant de beaucoup le nombre d'interlocuteurs dans le secteur de la production. Mais tout cela est plus complexe qu'il n'y paraît, car il est convenu que le transfert de responsabilité entre MCC et son fournisseur a lieu au moment où le personnel de MCC réceptionne la pièce dans ses locaux. Or, il peut arriver que, si le partenaire logistique assure le séquençage, il prenne la pièce avant MCC…

Enfin, entre les systèmes séquencés et non séquencés, quelques fournisseurs de pièces volumineuses ou de pièces dont les productions font l'objet de variantes peu nombreuses, fonctionnent en « quasi-séquence » et sont suivis par Panopa. Il s'agit par exemple de Continental qui fournit les roues, de Faurecia avec les sièges, de Meritor Splintex qui produit des pare-brise et des toits, ou de Webasto qui apporte les capotes textiles. Ces entreprises reçoivent les mêmes indications que l'ensemble des partenaires et positionnent leurs remorques sur un parking. Panopa livre ensuite les pièces par remorques entières selon le même principe : deux remorques sont présentes en même temps sur le quai le plus proche de l'opérateur qui va se servir lui-même directement en apportant à son poste de travail ce dont il a besoin. Dans un tel système, des écarts d'inventaire sont inévitables entre les quantités telles qu'elles sont indiquées par chacun des acteurs. La manière de gérer ce problème sera abordée dans le chapitre suivant, avec la description du fonctionnement économique de smartville.

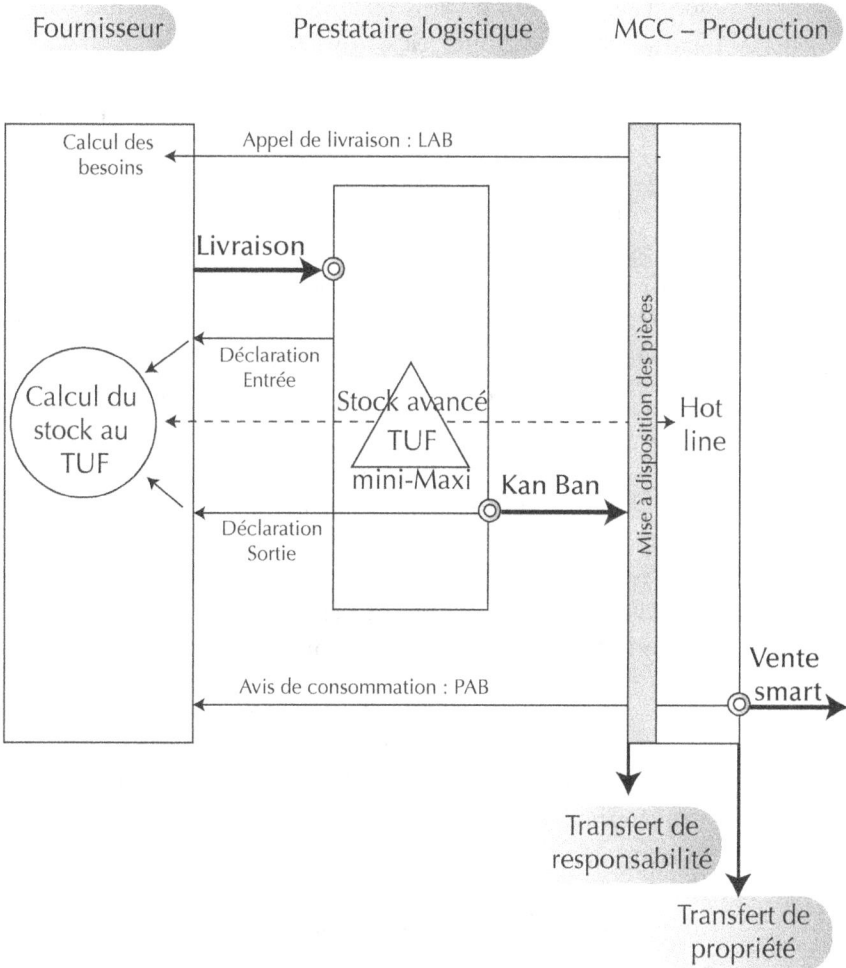

Fournisseur   Prestataire logistique   MCC – Production

Calcul des besoins

Appel de livraison : LAB

Livraison

Déclaration Entrée

Calcul du stock au TUF

Stock avancé

TUF

mini-Maxi

Kan Ban

Mise à disposition des pièces

Hot line

Déclaration Sortie

Avis de consommation : PAB

Vente smart

Transfert de responsabilité

Transfert de propriété

Schéma de la gestion des pièces non séquencées

Les plannings et la qualité

La coordination quotidienne se fait directement entre les partenaires.

Les plannings édités par MCC six mois, trois semaines puis trois jours à l'avance servent surtout aux partenaires pour passer leurs commandes à leurs fournisseurs et pour séquencer leur production. Mais la coordination quotidienne se fait directement entre tous les partenaires : tous les matins, une réunion des chefs de fabrication permet de faire le point sur les problèmes rencontrés et de régler les difficultés éventuelles ; tous les mois, les responsables des différentes sociétés partenaires se retrouvent pour organiser la production à venir en fonction des variations de la demande. Une grande flexibilité est demandée à chacun : les horaires peuvent varier de 2×8 à 3×8, et le travail du samedi peut n'être décidé que quelques jours à l'avance.

Mais les sujets traités lors de ces réunions concernent bien souvent des problèmes qui ont lieu entre plusieurs partenaires et qui convergent vers MCC, sachant qu'ils ne pourront trouver une solution que dans une approche à plusieurs. Par exemple, il arrive que l'un des partenaires prenne du retard dans sa production et compromette le fonctionnement de toute la chaîne : la solution serait pour lui de travailler pendant que les autres sont arrêtés... sauf ceux qui travaillent en amont de son intervention et doivent assurer son approvisionnement en composants divers ! Le retardataire, ses fournisseurs et son partenaire logistique doivent alors trouver ensemble le moyen de passer le gué. MCC a, dans ces situations, un rôle déterminant pour faire émerger la bonne réponse.

Sauf en bout de chaîne, aucun poste spécifique n'est prévu pour le contrôle qualité. Ce type d'opération ne peut donc pas être assurée à la réception des modules en provenance des partenaires-système. En conséquence, chaque société est intégralement responsable de la qualité de son travail et prend en charge la réparation d'un défaut dont elle a la responsabilité, ainsi que son coût. Quand elle intervient sur le véhicule en cours de production, elle travaille sur un support qui ne lui appartient pas, mais dont elle est responsable pendant son séjour dans son atelier. Là encore, la coordination directe entre partenaires sera souvent nécessaire.

Par exemple, si le personnel de VDO constate un défaut sur une cellule qu'il est en train d'équiper avec le tableau de bord, il le note sur un document, la fiche DAMI, qui accompagne cette carrosserie pour qu'en fin de chaîne ce dernier soit automatiquement dirigé vers le « *Kern* » et réparé… à moins que le défaut ne justifie de contacter MCC pour retirer cette carrosserie de la chaîne. De même, si un opérateur de MCC détecte un défaut, il le note sur la fiche DAMI pour que l'on puisse en fin de parcours effectuer la réparation. S'il suppose que c'est VDO qui est à l'origine du défaut, il en fait venir le responsable pour que celui-ci constate tout de suite le problème et que sa société en supporte le coût, à moins qu'on ne s'aperçoive que ce défaut est le fait de MCC. De plus, VDO pourra peut-être réparer le défaut directement sur la chaîne pour éviter le passage au « *Kern* » et la perte de temps qui s'ensuit.

À cet effet le personnel des entreprises partenaires a un accès libre à la chaîne pour des opérations de contrôle ou des actions correctives. Une négociation intervient donc entre chefs d'ateliers sur l'origine du problème, la société qui en est responsable, et la manière d'y remédier. De la même façon, chez Magna Uniport, chaque monteur contrôle le produit qu'il reçoit et son propre travail. Ensuite, chez MCC, il n'y a plus qu'à opérer un contrôle visuel à la réception de la porte ainsi fabriquée. Le transfert de responsabilité est effectif quand la porte est vissée sur la caisse, et si un problème apparaît plus tard (si, par exemple, un lève-vitre ne fonctionne pas), le personnel de Magna ira opérer la réparation sur la chaîne ou dans le « *Kern* ».

En même temps qu'est défini le PID une fiche suiveuse est éditée et décrit en clair par des pictogrammes les caractéristiques du véhicule à produire. La fiche suiveuse et la fiche DAMI accompagnent le véhicule tout au long de la production et seront lues automatiquement en fin de chaîne pour remédier aux anomalies éventuelles.

Il est à noter qu'en moyenne, le taux de défauts repérés à la sortie et justifiant une intervention dans le « *Kern* » est inférieur à 0,5 %. Sur place, au centre du « plus », les partenaires disposent d'un stock complet de leurs fournitures et travaillent totalement à leurs frais avec leur personnel. La présence (ou l'absence) de voitures dans ce « *Kern* » est donc un indicateur très significatif du fonctionnement de chacun ; elle permet à tous de suivre visuellement la qualité de la production. Enfin, 1 % de la production est systématiquement ramené dans le « *Kern* » pour un audit au cours duquel les défauts identifiés sont notés sur une échelle de 1 à 9, signifiant par là que 10 % ou 90 % des clients les remarqueraient.

En pratique, ces procédures concernant la qualité ne semblent pas être à l'origine de tensions sérieuses entre les sociétés, les partenaires étant habitués à les régler entre eux. La proximité des différents acteurs, la réunion quotidienne des chefs de fabrication, la grande facilité avec laquelle on peut aller dans les ateliers des autres, contribuent à entretenir un état d'esprit coopératif. Enfin, toutes les informations de fabrication et celles concernant les retouches seront conservées 10 ans pour chaque voiture… dans le système d'information du fournisseur.

De l'étoile au réseau

Une gestion de production caractéristique d'une entreprise étendue.

L'organisation ainsi mise en place à Hambach pour la production et la qualité est particulièrement intéressante à deux points de vue. Tout d'abord la gestion de production est caractéristique d'une entreprise étendue dans laquelle la décision d'achat d'un client est immédiatement transmise aux partenaires-système, voire à leurs fournisseurs. Au moment d'une commande, les besoins en composants ou en matière issue de ces composants sont en effet immédiatement inscrits dans le système d'information pour être pris en compte dès le prochain calcul de besoin, le LAB, et dans toute la chaîne de gestion de production. On est à cet égard dans un système analogue à celui de DELL, le producteur d'ordinateurs, dont les produits sont entièrement réalisés par des tiers, partenaires et sous-traitants à plusieurs niveaux, qui sont en temps réel (ou quasi-réel) informés des commandes en produits finaux et s'organisent pour les satisfaire.

Mais ce qui est original, c'est l'ensemble des relations des partenaires-système entre eux. La régulation de la production, comme celle de la qualité, s'effectue sur la base de points de contrôle définissant des objectifs que chacune des différentes entreprises s'attache à satisfaire ; si cela s'avère nécessaire (et c'est là le point le plus intéressant), ces entreprises entrent directement en coordination. On est sorti d'un système en étoile où les problèmes seraient tous ramenés vers MCC qui devrait les arbitrer, pour instaurer un fonctionnement en réseau où les entreprises s'organisent directement entre elles. MCC définit l'objectif mais joue plutôt le rôle de coordinateur ou de « facilitateur » que celui d'arbitre. Sur le plan économique, nous allons voir maintenant ce principe se confirmer, MCC France étant placé, comme tout partenaire, en fournisseur de MCC GmbH.

De l'étoile au réseau

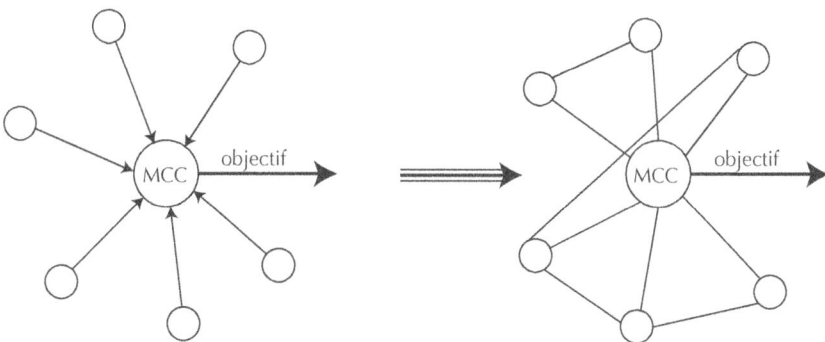

D'une coordination centralisée à une coordination déléguée

Chapitre 11

Le modèle économique

« Nous voulions avoir de vrais partenaires ayant les mêmes marges que nous, mais partageant le même risque de volume que nous. »

C. Baubin, Paris le 29 mars 2001

UN ÉQUILIBRE ÉCONOMIQUE FAVORABLE AUX PARTENAIRES DE MCC

Y a-t-il un modèle économique smartville ?

L'analyse des contrats (voir chapitre VI) nous a montré que dans smartville nous n'étions pas dans le contexte d'une relation classique client/fournisseurs. Y a-t-il donc un modèle économique propre à l'organisation modulaire de smartville ? Dans l'affirmative, qu'a-t-il de nouveau ? Un bref rappel de quelques données est nécessaire à l'examen de cette question.

Nous ne sommes pas dans le contexte d'une relation classique client/ fournisseurs.

Sur le plan économique, la caractéristique majeure de smartville est que les partenaires sont payés seulement lorsqu'un véhicule franchit le point de comptage en sortie de chaîne et est considéré comme vendu à MCC GmbH ; immédiatement, celle-ci le revend au distributeur qui l'a commandé. Les partenaires systèmes courent ainsi un risque : aussi longtemps qu'une voiture n'est pas vendue, ils ne sont pas payés pour leur participation à la production ; sur ce plan, MCC France est logée à la même enseigne que ses partenaires puisque c'est MCC GmbH qui paye toutes les entreprises de la chaîne de production, y compris MCC France. Cela a des conséquences importantes sur l'organisation industrielle et sur la prise en main des questions de qualité comme nous l'avons vu au chapitre précédent.

À un autre niveau, les partenaires partagent également une partie substantielle des risques commerciaux de l'aventure smart. Sur le site industriel, leurs installations sont en effet réservées à la production de la smart. Si la voiture se vend bien, ces installations seront largement rentables ; mais dans le cas contraire, les résultats seront mauvais pour tous. Certes, chacun des partenaires dispose d'une garantie de couverture minimale de ses frais fixes et bénéficie, pour ses équipements, d'un financement favorable monté par MCC GmbH et le groupe DaimlerChrysler. Mais ils sont néanmoins clairement solidaires devant le risque d'un manque de rentabilité globale de l'affaire. La menace de J. Schrempp, début 99, de fermer le site en cas d'échec trop patent du projet en a inquiété plus d'un ! Ajoutons cependant que, juridiquement, la mise en oeuvre de cette fermeture n'aurait pas été facile, étant donné la complexité du portage financier de smartville.

Des partenaires plus rentables que MCC !

Le résultat de MCC n'est pas satisfaisant.

Voyons maintenant les données dont nous disposons en ce qui concerne la rentabilité économique de MCC à la fin 2001. Avec, cette année-là, un chiffre d'affaires d'environ 1 milliard d'euros et des pertes accumulées depuis le lancement s'élevant à 150 M€ en 2001, l'équilibre financier étant reporté à 2004, le résultat économique de MCC n'est pas satisfaisant. Les ventes moins bonnes que prévues dans les premiers semestres permettent en partie de comprendre ces résultats, mais le coût de revient élevé de la voiture en constitue également une explication.

Contrairement à MCC GmbH, les partenaires industriels, eux, ne se plaignent pas de pertes. Nous ne disposons pas de chiffres précis concernant leurs profitabilité, mais aux dires du management local des partenaires à Hambach, celui-ci est suffisant et, surtout, appelé à s'améliorer. Cette différence de rentabilité entre les partenaires et MCC s'explique par quatre raisons :

- la garantie de couverture des frais fixes. En cas d'infériorité des volumes relativement aux prévisions de vente réalisées par MCC GmbH, cette dernière prenait en charge l'écart au point mort supporté par les partenaires, ce qui s'est manifestement produit à plusieurs reprises. On peut penser que cette clause a constitué un argument puissant pour convaincre les partenaires d'investir à Hambach sur un projet risqué. Mais avec la reconfiguration du projet, elle sera revue à la baisse. Trop contraignante pour MCC, elle a été modifiée en 2001 ;
- les études de développement ont été payées aux partenaires, ce qui a considérablement limité leurs investissements ;
- le système de mise au point du référentiel de calcul des coûts en « *open book* » pour déterminer les prix de vente des modules a fonctionné plutôt à l'avantage des partenaires. Le contrôle des coûts assuré par Hayek Engineering, contrôle qui devait assurer la transparence et l'équilibre financier, a été bloqué parce que Mercedes ne voulait pas voir cette société s'ingérer dans sa comptabilité (voir chapitre IX) ; l'incompatibilité des systèmes informatiques

a été un bon prétexte pour l'abandonner. Mais les juniors de MCC AG étaient mal armés face aux équipementiers chevronnés, et cette méthode a permis aux partenaires de fonctionner un bon moment sur les prix qu'ils avaient en grande partie déterminés eux-mêmes. Même négociés pied à pied, les prix unitaires étaient donc au départ favorables aux équipementiers ;

• les investissements matériels de production ont été financés grâce au leasing du GIE Spring Rain mis en place à cet effet. Les bâtiments appartenant à MCC, les partenaires n'ont au passif que la dette à long terme concernant les matériels de production (à moins, d'ailleurs, que cette dette ne soit considérée comme hors-bilan). Même s'ils ont eu d'autres investissements à supporter, on peut considérer qu'ils ont très peu investi sur leurs fonds propres dans cette affaire, et que cela constitue en soi un élément très favorable aux équipementiers. C. Baubin voulait monter un système qui réussisse parce que chacun y trouverait son bénéfice, et il est allé très loin.

Globalement, on peut tout de même penser que cet équilibre financier favorable aux partenaires s'est révélé être un bon calcul, une sorte d'investissement de lancement pour MCC. En effet, si les partenaires n'avaient eu un certain nombre d'avantages financiers, le risque pour MCC aurait été plus grand ; le risque de désertion de certains partenaires aurait été réel, avec des effets domino très préjudiciables à la réalisation du projet et à sa pérennité. Angoissés par de mauvais résultats, certains partenaires auraient vite menacé de quitter le navire. Plusieurs auraient tout au moins cherché à réduire leurs pertes en les faisant supporter par MCC ou, pire encore, par les partenaires qui leur étaient liés dans le flux de production. Le fonctionnement de smartville aurait alors grippé très rapidement. On peut ajouter à cela le fait que des règles perçues comme favorables encouragent, sous certaines conditions, des conduites loyales qui, en l'occurrence, ont pu bénéficier à l'ensemble de smartville comme nous l'a indiqué le représentant de l'un des partenaires : « *Tant que je dégage la marge prévue, mon actionnaire me laisse libre de faire ce que je veux. Je suis le maître de la relation avec mon client ; et comme je me sens personnellement très solidaire du projet, je fais tout ce que je peux pour qu'il réussisse.* » Finalement, on peut se demander si les fondateurs n'ont pas, consciemment ou non, créé des conditions économiques favorables à leurs partenaires afin de les entraîner dans la logique partenariale forte qu'ils souhaitaient mettre en œuvre.

LE SYSTÈME DE PAIEMENT DES PARTENAIRES DE MCC À SMARTVILLE

Des transactions originales et... immatérielles !

Le système de paiement des partenaires est la résultante de distinctions subtiles entre responsabilité et propriété. Il est appelé système de « post-consommation » (« *Zahlung nach Verbrauch* »). Cela signifie par exemple que la carrosserie qui arrive peinte et équipée d'un cockpit dans l'atelier de MCC passe à ce moment précis sous la responsabilité de MCC, mais que cette même carrosserie n'est encore payée ni à Magna Châssis qui l'a assemblée, ni à Surtema qui l'a peinte. À ce moment, il n'y a ni transfert de propriété ni émission d'une facture. La cellule appartiendra à Magna Châssis jusqu'au franchissement du « point de comptage » final, Surtema et MCC ayant simplement travaillé entre temps sur un produit ne leur appartenant pas mais dont ils ont eu la responsabilité.

De même, VDO installe le cockpit et travaille sur la chaîne, tout en n'étant, sur le plan juridique, qu'un équipementier qui fournit des pièces, les assemble et les monte. Le véhicule est considéré comme un ensemble de matières

À smartville, il faut bien distinguer responsabilité et propriété.

premières et d'heures de travail qui ne changent de propriétaire qu'au moment où MCC GmbH prend la voiture : chaque partenaire est alors crédité par MCC GmbH du prix unitaire contractuel de sa prestation. Quant à MCC France, elle facture à MCC GmbH l'assemblage de la voiture à un prix qui comprend une marge. MCC France n'a donc en principe ni stock de pièces (elles sont la propriété des partenaires), ni stock de voitures, ces dernières étant la propriété de MCC AG !

De l'« appel de livraison » à la livraison, la gestion des encours, les consommations, et les paiements sont dématérialisés : il n'y a ni documents, ni commandes, ni factures. C'est une « promesse de paiement » que les fournisseurs reçoivent de MCC GmbH à chaque sortie de véhicule de Hambach, sans même un bon de livraison de la part des fournisseurs. Ceux-ci n'ont que des « avoirs » justifiés par la production vendue et régulièrement crédités sur leur compte. Tout se passe donc au niveau du système d'information.

La fixation des prix

Il est prévu que les prix unitaires se réduisent chaque année de manière contractualisée.

Les prix unitaires crédités aux fournisseurs comprennent la pièce elle-même, son développement, sa production et le leasing des machines. Le transport et le stockage y sont inclus, car chaque partenaire a un contrat spécifique avec le prestataire logistique qui assure pour lui la manutention et le stockage. Le contrat prévoit que le prix unitaire se réduira chaque année grâce à un accroissement de la productivité dont on se partagera les effets : MCC prendra sa part telle que contractuellement indiquée, sur la base d'une diminution du prix payé de 2 % par an pendant les six années de validité du contrat, le fournisseur conservant pour lui le supplément de productivité gagné.

La décomposition du prix de la voiture s'effectue de la façon suivante : la partie fixe comprend les frais d'administration, d'infrastructure du site et une partie du personnel, la marge, éventuellement un « *management fee* »,

et enfin les charges liées aux investissements qui sont sup-
portées par le partenaire ; la partie proportionnelle du
prix concerne une part de la main-d'œuvre, l'énergie et les
matières consommables. Il avait initialement été convenu
par contrat que la partie fixe serait garantie par MCC au
partenaire pour le volume minimal de production prévue, quelle que soit la production réelle. En pratique, si
les quantités prévues n'étaient pas atteintes, MCC payait
au partenaire la partie fixe pour les quantités manquantes.
Mais à la suite des opérations de réduction des coûts
intervenues au cours de l'année 2001 cela n'est plus le cas.

Le paiement de la TVA

MCC France est considérée, rappelons le, comme un partenaire comme les autres : la société a un contrat avec MCC
GmbH stipulant qu'elle est créditée de son activité de montage et de gestion chaque fois qu'un véhicule est vendu,
comme tous les autres acteurs de la production. C'est MCC
GmbH qui assure la facturation aux clients, et c'est MCC
GmbH qui établit les avoirs (promesses de paiement) aux
fournisseurs. De ce fait, si les flux de matières transitant
physiquement à Hambach représentent environ 1 milliard
d'euros par an, le chiffre d'affaires de MCC France se limite,
lui, à quelque 100 millions d'euros. Or, la réglementation
internationale prévoit que la TVA soit perçue par les pouvoirs publics du pays où se fait la transaction, c'est-à-dire
l'Allemagne, en la circonstance, ce qui posait un problème.

*MCC France
paye la TVA
sur les opérations
de MCC GmbH !*

En effet, le Ministère des Finances français souhaitait
qu'en échange des aides publiques reçues, la TVA soit
perçue en France sur la totalité des véhicules fabriqués et
vendus. Il a donc été admis que, comme MCC GmbH
agissait « sur l'initiative de MCC France » pour acheter
les équipements aux fournisseurs, et « à la sortie de
fabrication » pour vendre les véhicules aux clients (ces
deux conditions étant déterminantes), MCC France
devenait le représentant fiscal de MCC GmbH, assurant
pour elle les opérations douaniers et faisant les déclara-

tions de TVA correspondant aux achats et aux ventes. La mise en place de ce système a donc demandé, une fois encore, une dérogation par rapport aux règles habituelles.

La gestion des écarts d'inventaire repose sur la confiance entre les partenaires

Le système requiert un accord entre le fournisseur, MCC et le prestataire logistique.

Au moment du franchissement par le véhicule du point de contrôle en sortie de chaîne, la production est comptabilisée en multipliant les rubriques de sa nomenclature par les prix unitaires. Chaque entreprise contributrice est alors créditée de l'avoir correspondant aux fournitures supposées être entrées dans les ateliers de MCC. Cependant, MCC ne fait pas de contrôle à l'entrée des pièces ou des modules, ni en qualité, ni en quantité. Le système requiert donc un accord profond entre les trois partenaires concernés : le fournisseur qui veut être payé, MCC qui consomme les pièces et fait fonctionner le système d'information et enfin le prestataire logistique qui se situe entre l'un et l'autre et pourrait donc être en situation très délicate s'il y avait un dysfonctionnement.

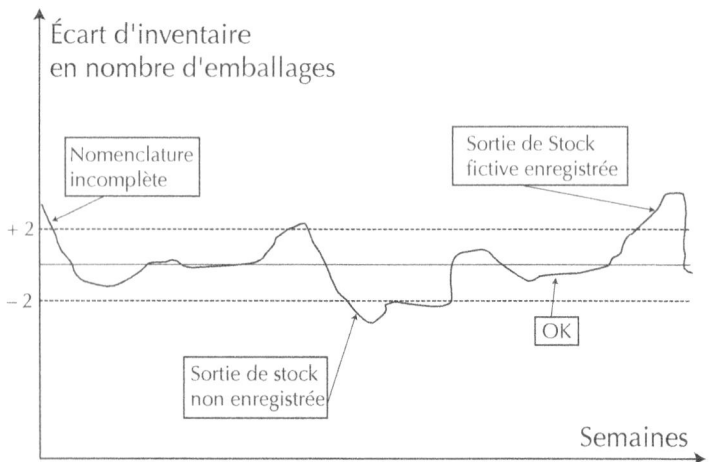

Règle de décision concernant les écarts d'inventaire

Car il peut y avoir un écart entre les pièces que le fournisseur comptabilise physiquement en sortie de ses locaux et ce que MCC comptabilise informatiquement en entrée dans ses ateliers. Quand un travail supplémentaire est requis, par exemple pour corriger un défaut de fabrication ou pour prélever une pièce pour un contrôle qualité, un document MBZ (« *Material Bezug Zettel* ») est rempli. Les informations des MBZ sont entrées dans le système d'information et permettent de corriger le calcul théorique des quantités et donc du prix à payer. Dans la pratique cependant, des écarts peuvent encore apparaître entre les quantités créditées par MCC à ses fournisseurs et celles qu'eux-mêmes comptabilisent dans leurs sorties : il y a des erreurs dans la mise au point des nomenclatures, des pièces ont été perdues, d'autres, défectueuses, ont été remplacées dans le « *Kern* » sans que ce remplacement soit en quoi que ce soit mentionné, des sorties n'ont pas été enregistrées… Les écarts entre quantités sorties et quantités créditées sont suivis mensuellement. Tant que la courbe fluctue entre – 2 et + 2, les partenaires admettent que les écarts se compensent ; ils n'interviennent alors pas. Une recherche ou une action n'est déclenchée que lorsque l'on sort de cette plage de confiance acceptée.

Les contrats de leasing

Achetés par MCC France en crédit-bail, les locaux sont mis gratuitement à la disposition des partenaires. MCC ne leur facture que ce qui est dépensé proportionnellement à leurs activités : eau, électricité… En contrepartie, les partenaires ne peuvent pas introduire dans leurs coûts les charges d'amortissement des bâtiments.

Quant aux équipements de production utilisés par les partenaires et financés par le crédit-bail mis en place par MCC, ils sont payés directement par les partenaires au GIE avec qui le contrat de leasing est passé. Les matériels correspondants n'apparaissent donc pas dans les comptes de MCC sous forme de dettes à long terme pour le crédit-bail correspondant. MCC pourra cependant en devenir propriétaire en fin de contrat en les rachetant pour leur

Les partenaires sont hébergés par MCC mais payent le leasing du matériel de production.

valeur résiduelle dans le cadre du système d'options (« *put/call* ») présenté au chapitre V. Cette hypothèse est suffisamment crédible pour que, sur le site, chacun pense que ce matériel, implanté dans des locaux dépendant de MCC, appartient ou appartiendra de fait à cette dernière.

Clé de voûte du fonctionnement : le système d'information

Les deux pôles du système d'information sont les sites de Renningen et Hambach.

Le bon fonctionnement de ce modèle repose pour beaucoup, nous l'avons vu, sur le système d'information de MCC et sur la performance des interfaces mises en place avec les partenaires. Les deux pôles de ce système sont les sites de Renningen et Hambach. Les relations commerciales entre MCC et les fournisseurs sont gérées à Renningen par la Direction des Achats. C'est là que sont établis et tenus les contrats, les listes de fournitures, les prix unitaires et les comptes fournisseurs. Tout cela est contenu dans une base de données SAP qui contient aussi les éléments nécessaires à l'utilisation de pièces de rechange dans le cadre de l'après-vente. Hambach tient de son côté à jour une base de données BaaN, comprenant, outre la comptabilité générale de MCC France, toutes les informations concernant la production (plannings, gestion de la chaîne de montage…) et la comptabilité des livraisons clients et des approvisionnements fournisseurs. Les deux bases de données sont reliées, afin que consommations et productions puissent être transformées à Renningen en factures et en paiements.

Chacun des partenaires-système présents à smartville et, *a fortiori* les autres fournisseurs, a gardé son propre système d'information. La liaison entre ces différents systèmes se fait par l'intermédiaire du PID et des références des composants. Pour assurer la liaison entre les systèmes d'information de MCC et ceux des fournisseurs, une interface commune utilisant le protocole VDA a été créée. C'est une base de données qui engrange un stock d'éléments intermédiaires ; elle est dirigée par le système d'information de MCC, et tous les partenaires y ont accès. Pour cela,

MCC a défini un cahier des charges et des obligations que doivent remplir les fournisseurs en ce qui concerne les échanges d'informations afin de permettre le dialogue entre les systèmes qui leur sont propres. Ce sont les fournisseurs qui archivent les données concernant leurs livraisons. Ainsi, si un bloc ABS s'avère défectueux, c'est chez Krupp et au moyen du PID que l'on retrouvera toutes les caractéristiques de l'ABS du véhicule correspondant.

On mesure à nouveau, au travers de la gestion économique, à quel point la vie des partenaires est liée non seulement à celle de MCC France, mais aussi à celle des autres partenaires. La production et la gestion de la qualité, les paiements ou la circulation de l'information, nécessitent presque toujours la coordination de trois niveaux d'interlocuteurs au moins. Même la vie financière se fait entre le partenaire-système, MCC et le GIE qui assure le leasing. Cette interdépendance constitue un des facteurs les plus puissants de cohésion. À smartville, les systèmes de gestion mis en place condamnent les partenaires à un jeu d'équipe. C'est d'ailleurs ce qui semble le plus fortement marquer les habitants de smartville. Ils ne sont jamais dans la position simple du fournisseur par rapport à son client ; ils se perçoivent comme une maille dans un réseau dont la solidité dépend de leur solidarité.

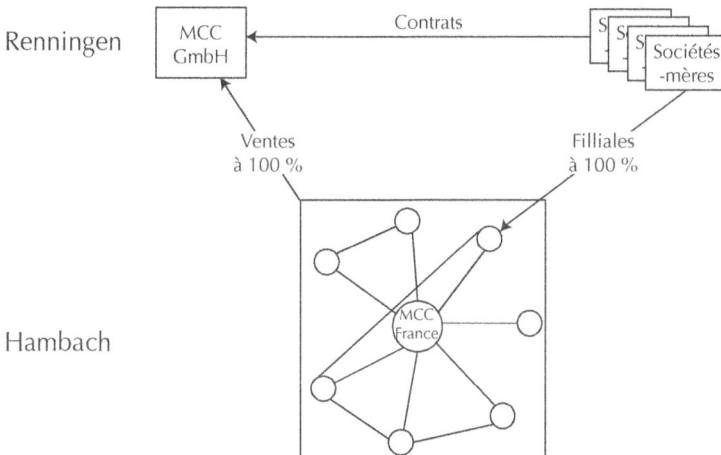

Les mailles multiples de la solidarité des partenaires

Chapitre 12

Le pilotage social inventé à smartville

« On m'a embauché pour un monde idéal, où il n'y aurait pas de hiérarchie, où nous serions tous des partenaires, où on se respecterait et se tutoierait… »

Un délégué syndical de smartville

« smartville est un écosystème industriel en équilibre dynamique qui demande une forte régulation sociale. »

Daniel Kuhn, Directeur des Ressource Humaines de MCC

SMARTVILLE À L'ORIGINE

Le contexte régional lorrain

Le pilotage social de smartville a été mis au point au fil du temps, des urgences, des conflits successifs et des initiatives de la direction. Il a supposé que soient résolues deux questions importantes : faire cohabiter les pratiques sociales potentiellement différentes des douze partenaires impliqués dans le système d'organisation modulaire de smartville et

Les traditions ouvrières de la région sont éloignées des valeurs promues par les entrepreneurs de smartville.

adapter des entreprises et des styles de management d'origine germanique au contexte social français. Soulignons la présence marquante des représentations et des traditions perpétuées par des générations d'ouvriers employés dans des industries lourdes en déclin (mines et sidérurgie lorraines), dont les valeurs étaient évidemment très éloignées de celles que cherchaient à promouvoir les nouveaux entrepreneurs de smartville pour qui responsabilité et autonomie étaient essentielles. Par ailleurs, partenariat et cogestion (qui sont au coeur de l'organisation modulaire) sont très ancrés dans les traditions managériales germaniques. Un recrutement adéquat[2] associé à des pratiques pertinentes de formation et de parrainage permettront d'asseoir sans trop de difficultés le nouveau style de management souhaité par les dirigeants de MCC et leurs partenaires. Resteront les disparités entre les niveaux de rémunération et les droits et avantages des salariés appartenant aux différentes entreprises composant smartville ; ces écarts constitueront, au fil du temps, une question majeure du pilotage social du site.

La Lorraine a vécu 25 ans de récession avec la fermeture des mines et de la sidérurgie, ce qui a durablement affecté la confiance des nouvelles générations. De nombreux salariés et acteurs locaux ou régionaux ont ainsi longtemps douté de la pérennité du projet smart. Immanquablement, des discussions interminables eurent lieu sur la viabilité du projet ainsi que sur les véritables intentions des entrepreneurs, parfois perçus comme chasseurs de primes. « *Ils viennent prendre les subventions et puis ils partiront* », entendait-on à Hambach. Les menaces de J. Schrempp, on le savait, n'étaient pas proférées en l'air. La méfiance ne s'est jamais totalement dissipée et l'inquiétude est restée, lassante, freinant l'investissement personnel de certains. Ainsi, bien que les emplois créés aient conduit à construire plus de 700 logements dans l'agglomération de Sarreguemines, beaucoup de salariés travaillant pour smartville ont-ils conservé leur ancienne habitation, même si elle était un peu éloignée, par prudence ! Les difficultés du lancement commercial ont avivé ces craintes, bien que chacun doive admettre que le

2. Voir chapitre 6 : Externalisation du recrutement, de la formation et partenariats locaux

paysage régional a alors changé[3]. La moyenne d'âge du personnel de MCC France, qui était de 31 ans et 6 mois en 2001, a cependant, sans aucun doute, joué un rôle clé dans sa capacité à épouser les nouvelles valeurs du management promues par MCC et ses partenaires.

Le contexte franco-allemand et le rôle clé d'un médiateur : H. Bölstler

Nommé à la tête de MCC en France après le départ de J. Tomforde, C. Baubin et HJ. Schär, H. Bölstler va asseoir le développement de smartville. Il va assurer la fin du chantier de construction de l'usine et le démarrage de l'exploitation, ainsi qu'une transition sans heurts entre un management exclusivement allemand et un management multiculturel. Un double challenge l'attendait dès son arrivée en janvier 1997 : faire démarrer le site industriel de smartville et son organisation partenarial dans un contexte multiculturel quelque peu redouté par les entrepreneurs allemands. Il s'acquitta avec succès de cette double tâche grâce au caractère rassurant de sa présence, à sa double culture allemande et française, et à ses capacités industrielles

H. Bölstler va assurer la transition culturelle.

3. Aujourd'hui, avec ses quelques 1800 employés, smartville pèse lourd dans la région à côté d'une ville de 30 000 habitants comme Sarreguemines. On reconnaît que les emplois sont là, que la préoccupation écologique a conduit à construire une belle usine où beaucoup a été fait pour préserver l'environnement. On sait aussi que le projet smart a permis de débloquer le contournement routier de Sarreguemines, dans les tiroirs depuis plus de 20 ans ! Un pôle automobile s'est progressivement développé avec Altrans (logistique auto), Continental (pneus, 100 personnes), Delphai (batteries, 500 personnes), Behr (climatiseurs auto, 110 personnes), Fonderie Lorraine (moulages pour autos). Par effet d'entraînement le chômage a régressé de 13 % à 5 % autour de Sarreguemines, et, même si les Directions de smartville ont été très attentives à éviter la surenchère, avec la proximité de la Sarre les salaires sont devenus supérieurs d'environ 10 % à ceux du sud du département. La ville s'est ouverte et embellie. La smart est ainsi devenue un symbole fort de la reconversion de la région. Ainsi quand la Région a émis une petite plaquette promotionnelle, sous le titre : « *La Lorraine pour donner un cœur à l'Europe* », Gérard Longuet y a sélectionné les grands moments fondateurs de la région : Charlemagne, Robert Schumann et, dernier grand événement, … la production de la smart en Lorraine.

Harald Bölstler en 2001

et managériales. Il fut incontestablement l'homme de la situation, contribuant à favoriser l'autonomie de ses interlocuteurs, condition sine qua non du fonctionnement de l'organisation modulaire. Ayant vécu à Paris et parlant parfaitement le français, européen convaincu, il évoluait avec facilité dans les deux cultures, non sans humour d'ailleurs[4].

4. Ainsi, quand, au cours d'une réunion où un partenaire allemand se désolait : « *Mais pourquoi ne peut-on pas livrer de véhicules le 8 mai ?* », H. Bölstler lui répondit : « *Si vous n'aviez pas fait la guerre, vous pourriez livrer le 8 mai !* »

Il prit l'option de dégonfler ce qui aurait pu, selon lui, devenir « *une bulle interculturelle* » en jouant sur les proximités et en minimisant les différences. « *Nous sommes tous des Rhénans* » déclara t-il ainsi à plusieurs reprises. Ce faisant, il évitait d'animer les vieux mécanismes d'attraction/répulsion des Alsaciens et des Lorrains pour l'Allemagne. Il s'opposa ainsi catégoriquement à l'organisation de ces séminaires interculturels dans lesquels on dit : « *Les Allemands sont comme ci, les Français sont comme ça.* » C'est également H. Bölstler qui organisa la transition linguistique définitive vers le français. Initialement, afin de faciliter la communication, on avait favorisé le recrutement de candidats parlant le dialecte local, le « *Platt* ». Ni J. Tomforde, ni C. Baubin ne parlant français, et la plupart des cadres venant de Renningen, la langue du site était, au début, l'allemand. Peu à peu, les Comités de Direction se sont tenus en français et celui-ci est devenu la langue de communication de l'usine[5]. Comme ses prédécesseurs, H. Bölstler reconnaît avoir mis beaucoup d'énergie pour limiter l'influence de Mercedes, puis plus tard de DaimlerChrysler, sur le fonctionnement et la culture managériale de MCC. J. Tomforde et ses collègues avaient construit la voiture et l'usine, H. Bölstler a construit le management et donné sa personnalité propre à smartville.

5. Quelques mots allemands ont cependant été intégrés dans la langue de smartville où l'on parle d'un « *Himmel* » (ciel) pour un toit ou du « *Kern* » (noyau) pour la place centrale.

Une ligne hiérarchique courte et des relations directes

Pour fonctionner efficacement, la firme amirale que constitue MCC, qui se donne en modèle au sein de smartville, dut mettre en oeuvre des capacités d'organisation, de coordination et d'animation hors pair. Cela passa par l'instauration de lignes hiérarchiques courtes, à quatre niveaux seulement, et de relations directes. À Renningen, un mode d'organisation très souple avait été mis en place, avec trois niveaux hiérarchiques : les « *Geschäftsführer* » (gérants), les « *Teamleaders* » (responsables de module) et les « *Betriebscoach* » (spécialistes métier). L'usine, quant à elle, est organisée en quatre niveaux hiérarchiques : Directeur Général, « *Team coachs* », « *Group coachs* » et coéquipiers. L'encadrement intermédiaire est confié aux « *Group coachs* » qui dirigent 30 à 40 personnes. Les coéquipiers sont les opérateurs sur la chaîne, mais on ne veut parler ni d'opérateurs, ni d'agents et encore moins d'ouvriers, pour insister sur la notion d'équipe (6 à 8 per-

La relation hiérarchique paraît vécue sur le mode du soutien plus que sur celui de la soumission.

sonnes). Ce terme fédérateur est beaucoup utilisé dans MCC ; nous sommes ici devant une sorte de version douce de la relation hiérarchique, qui paraît effectivement vécue sur le mode du soutien et du support plus que sur celui de la soumission. Des « animateurs » sont ainsi présents sur la chaîne, aux côtés des coéquipiers, pour régler les problèmes que peut rencontrer une équipe et, si nécessaire, remplacer un absent : ce sont, selon leurs dires, des « opérateurs plus », mais pas des chefs d'équipe traditionnels participant à l'encadrement, habilités à signer pour la société, et souvent solidaires de la direction.

L'objectif est de sortir de l'approche qui ôte toute responsabilité, pour impliquer chacun dans la recherche d'une solution, comme cela se faisait dans « *l'Eier Kultur* » de Renningen. Cette culture organisationnelle n'est pas le modèle que retiendraient spontanément des Français, chez qui la posture hiérarchique est souvent plus marquée, plus statutaire, provoquant des boucles beaucoup plus longues pour la résolution des problèmes. A contrario, le modèle de la compétence de l'expert, « *Fachkultur* », produit des boucles de décision et de contrôle courtes et réactives[6]. Cette structure hiérarchique à forte consonance germanique n'a pas été facilement comprise par l'Inspection du Travail, et n'est pas forcément encore, au fond, assimilée par tous à Hambach. La volonté de faire en sorte que personne ne s'abrite derrière la structure hiérarchique et que nul ne soit sur ce plan dans une recherche de reconnaissance s'est pendant longtemps traduite par l'absence de toute diffusion d'organigramme. Quand nous demandions à voir l'organigramme, la réponse gênée était que de multiples postes n'étaient pas encore définitivement pourvus et qu'on ne pouvait donc rien montrer pour l'instant… Ce n'est qu'assez récemment qu'un organigramme formel a été présenté par la direction de MCC. Maintenant, le commentaire contraint est : « *On devient une entreprise comme les autres !* ».

On notera que, si ce mode d'organisation représente un atout important pour développer la motivation au travail,

6. En Allemagne, la reconnaissance de la compétence des professionnels (*Fachleute*) crée une culture de l'expert (*Fachkultur*) qui donne la parole et le pouvoir à la personne de métier pour régler un problème, de préférence à la hiérarchie. On cite à Hambach cette anecdote. Un directeur se fait conduire à l'aéroport par son chauffeur un jour d'embouteillage. Français, le directeur ne pourra s'empêcher de conseiller son chauffeur : « *Passez par ici, surtout évitez tel carrefour* ». En Allemagne, il s'entendrait répondre : « *Excusez-moi, Monsieur, je suis chauffeur depuis 10 ans, je sais par où il faut passer en cas d'embouteillage. Vous, vous êtes directeur, vous savez conduire la société. À chacun son métier !* ».

d'autres, plus classiques dans les milieux industriels, s'y ajoutent. Notons parmis ceux-ci :

- la « personnalisation » du travail ; par exemple, les composants du module arrière sont prépositionnés sur des gabarits sur lesquels les deux noms du titulaire et de son suppléant sont inscrits, bien visibles ;
- les primes ; au-delà d'une rémunération fixe garantie, la partie variable peut représenter jusqu'à 12 % de cette rémunération. Elle se décompose en trois tiers : respect des délais, de la qualité, et du coût de revient. Le respect des délais entraîne une prime collective identique pour tous, cadres et opérateurs, relative au retard ou à l'avance par rapport au planning de production. La prime de qualité est personnalisée et inversement proportionnelle au nombre de véhicules envoyés à la retouche finale. La prime liée au respect du coût de revient est variable selon le secteur de l'usine et la productivité obtenue ;
- l'évaluation des méthodes de travail avec l'utilisation de la méthode dite des « 5 S »[7].

7. Une dizaine d'évaluateurs permanents mesurent à l'improviste sur la chaîne de montage l'élimination d'objets inutiles, l'allocation d'emplacements pour ranger les outils, la propreté, l'ordre du poste de travail et enfin le maintien ou le progrès du standard.

La paix sociale des débuts

Même si une attention particulière a été accordée chez MCC à la mise en place d'une organisation hiérarchique souple et responsabilisante, smartville n'est pas devenue le Paradis pour autant, et d'autres éléments nécessaires à une bonne gestion des ressources humaines avaient été oubliés par les fondateurs. L'organisation industrielle mise en place ne pouvait à elle seule faire tenir ensemble de manière stable un corps social de 1 800 personnes regroupées sur un même site, mais gérées selon les critères très variés des divers partenaires. Une conséquence importante de l'organisation modulaire de smartville est en effet que chaque partenaire met en place sa propre politique sociale : modes de rémunération, horaires, représentation du personnel. Les partenaires-système ont le statut de filiales de droit français de sociétés allemandes. Elles sont autonomes, et

Les soucis du démarrage occultent les problèmes sociaux.

MCC n'avait pas prévu d'harmonisation ou d'homogénéisation en matière de gestion des ressources humaines.

Les préoccupations sociales étaient occultées par l'ensemble des personnes rassemblées ici, nouvellement arrivées sur le site, découvrant et organisant leurs fonctions et surtout happées par les difficultés du démarrage.

Le besoin de coordination avait été sous-estimé, les craintes des partenaires s'étant initialement concentrées sur les ressorts culturels et sociaux des uns et des autres dans un contexte où les directions seraient allemandes et les ouvriers français. Il est vrai que les représentants des partenaires n'avaient, pour la plupart, aucune expérience internationale. Ainsi, dès le lancement de la production, la Direction de MCC France s'était-elle montrée très préoccupée de bien s'intégrer dans le jeu social français. Elle était aussi poussée, nous dira-t-on, par le désir de prouver aux représentants du personnel en Allemagne que l'implantation en Lorraine n'avait pas pour but d'éviter le très puissant syndicat IG Metall ! Cette volonté conduisit ainsi MCC à prendre contact assez tôt avec les organismes centraux des syndicats, à Metz, afin qu'ils procèdent à la mise en place d'une représentation syndicale des employés. Cependant, ceux-ci, aux dires de MCC, réagirent très mollement, peu enclins qu'ils étaient sans doute à se prononcer pour des personnes qu'ils connaissaient encore peu. L'introduction de la loi sur les « 35 heures » va précipiter les choses sur le plan social.

Cette nouvelle loi fut saisie comme une opportunité par la direction de MCC en raison des difficultés du lancement commercial et des sureffectifs qui se profilaient à l'horizon. La loi prévoyait des aides publiques substantielles si des accords étaient trouvés dans les délais légaux. C'est ainsi que, grâce à cette loi et aux négociations qui eurent lieu, il fut décidé de diminuer le nombre d'équipes/semaine mais d'ajouter un dixième opérateur à chaque équipe de neuf personnes. Cela permit de réduire le temps de cycle, ce qui entraîna un gain de productivité de 12 %. Pour MCC qui compensait ainsi la diminution des horaires de travail par une meilleure productivité et bénéficiait des primes spécifiques prévues par la loi, le bilan était positif.

Mais avant toute mise en place, il avait fallu mettre en place une représentation syndicale complète avec qui négocier et signer les accords. La direction de MCC avait donc activé les contacts avec les syndicats pour qu'ils désignent des représentants afin de négocier les accords correspondants. MCC avait également bousculé certains partenaires peu empressés ou peu compétents sur le plan des ressources humaines, de la législation et des pratiques sociales françaises, pour qu'ils abordent ces négociations. C'est ainsi que le nombre de représentants syndicaux, qui était de cinq avant l'apparition de cette loi, passa rapidement à trente sur le site de smartville. Cette mise en place précipitée des instances représentatives du personnel, jumelée avec des discussions techniques très spécialisées impliquant peu les hiérarchies intermédiaires, eut pour effet de concentrer les relations sociales entre les directions et les syndicats, conduisit à une hyper-syndicalisation des relations sociales et ouvrit finalement la voie aux premiers conflits sociaux !

CONFLITS ET MODES DE RÉGULATION

Premiers conflits à smartville

Sur le plan social, smartville avait fonctionné sans heurts notables jusqu'à ce 23 décembre 1999, quelques jours avant Noël, où une grève fut déclenchée chez MCC France avant l'engagement de négociations. Cet événement fut perçu comme un choc par les directions allemandes du site, même si l'arrêt de travail ne dura pas très longtemps. En Allemagne, il est de tradition de commencer à négocier avant de faire grève, et celle-ci n'intervient que si un accord

Une grève déclenchée chez MCC France avant l'engagement de négociations.

ne peut être trouvé. De leur côté, les syndicats français, aux traditions différentes, cherchent à prendre une position de force par la grève avant d'ouvrir la négociation. L'encadrement fut ainsi très choqué par ce conflit inattendu et par le fait que ce comportement marquait une distance par rapport à l'attitude partenariale qui avait jusque-là prévalu de la part d'un personnel associé au projet.

Puis, en janvier 2000, se firent jour des problèmes sociaux chez deux partenaires. Il apparut alors évident à la direction qu'il fallait prendre des initiatives pour mieux piloter le corps social qui composait smartville. La cohabitation de sociétés différentes sur un même site exacerbait les tensions liées aux différences de statuts et de traitements, et accélérait la contagion des revendications visant à l'alignement des conditions par le haut. On découvrit, un peu naïvement peut-être, que smartville était bien un collectif humain et non pas seulement une organisation industrielle. Dans le petit monde de smartville, le personnel de toutes les sociétés habite en effet dans la même région, se connaît et se retrouve au même restaurant d'entreprise : chacun sait ce qui se passe chez les autres ; nouvelles et rumeurs vont vite. Les rémunérations, indemnités et avantages sociaux sont donc systématiquement comparées. Si des différences dans la composition du salaire, les indemnités kilométriques, les primes de productivité ou de qualité et les conventions collectives peuvent être admises, elles ne peuvent être globalement trop grandes sans choquer des salariés auxquels on explique par ailleurs qu'ils participent tous au même projet.

Par ailleurs, l'alignement des rémunérations et avantages sociaux n'est pas sans conséquences sur le modèle économique de smartville. En effet, si une augmentation de salaire intervient chez MCC, elle risque d'entraîner une exigence équivalente chez les salariés des autres sociétés. Or, les directions des partenaires peuvent alors invoquer leur contrat et se retourner vers MCC pour demander que leur soit accordée une augmentation du prix de vente de leurs produits et prestations pour compenser toute hausse des coûts provoquée par ces augmentations. Cela crée donc une dérive générale des coûts de revient. En outre, tout conflit chez l'un des partenaires a des conséquences opérationnelles immédiates sur l'ensemble du site, tant les interdépendances sont fortes. Un partenaire arrête le travail et c'est tout smartville qui s'arrête très rapidement. Les dirigeants prirent conscience brutalement que le succès du modèle reposait sur la paix sociale. Cette dimension du management allait alors constituer une véritable priorité.

Naissance d'un dispositif de coordination et de régulation : le Forum Social

Fin janvier 2000, H. Bölstler convoque l'ensemble du personnel du site dans le but de lancer une initiative pour améliorer le climat social et sortir de la logique conflictuelle dans lequel smartville était entrée. Il dramatise : *« Je me bats pour vous et le pari n'est pas gagné ; par ailleurs il n'est pas acquis que le "roadster"*[8] *sera construit à Hambach. Que ceux qui sont prêts à se battre avec moi pour smartville lèvent la main ? »*. Constatant que la majorité des mains se sont levées, il annonce son souhait de développer de nouveaux dispositifs transversaux pour assurer une meilleure communication et un meilleur climat social sur le site : *« On va réfléchir et voir comment travailler ensemble pour smartville. »* Et quelques jours plus tard, le 10 février 2000, eut lieu la première réunion rassemblant 14 représentants du personnel (pour les 14 sociétés présentes sur le site) et 14 dirigeants.

Chez chaque partenaire fut alors déclenchée une réflexion sur ce qu'il convenait de faire. Pour MCC, la question fut soumise au comité d'entreprise européen dont les réunions se tiennent à Stuttgart. Il y fut reconnu qu'il fallait mettre en place une structure de dialogue, la grève ne pouvant être le seul moyen d'action. Il apparut aussi qu'il était nécessaire d'avoir des arguments pour défendre la smart auprès de la société MCC GmbH et de la société mère DaimlerChrysler ! Certains partenaires

H. Bölstler convoque tout le personnel afin de lancer une initiative pour améliorer le climat social.

8. Deuxième véhicule de la marque, dont le design et le développement ont été effectués à Renningen et dont la production est aujourd'hui localisée à Hambach.

organisèrent des groupes de travail réunissant direction, encadrement et opérateurs afin de proposer des idées et des solutions. L'un des partenaires fit même appel à un consultant pour animer son groupe de travail. C'est ainsi qu'apparut la nécessité d'un « *code de conduite* » et d'une instance de communication chargée d'informer le personnel. Les directions comprirent, de leur côté, que jusqu'ici les syndicats avaient monopolisé avec elles le champ des discussions sociales, et qu'il leur fallait maintenant impliquer beaucoup plus les cadres et l'ensemble du personnel, et agir plus subtilement.

La conviction était partagée qu'un dispositif transversal et « neutre », implicitement et idéalement situé à égale distance des directions et des syndicats, était nécessaire pour assurer la régulation sociale du site. Il fallait parvenir à faire circuler une information commune aux différents partenaires sociaux, à créer un dispositif de dialogue permettant à chacun de faire connaître ses positions, et le cas échéant, de s'impliquer dans les négociations. L'idée d'un Forum Social fit ainsi son chemin dans les esprits.

Objectifs et fonctionnement du Forum Social

Le Forum Social réunit directions, représentants syndicaux et représentants du personnel du site.

Le Forum Social de smartville est une assemblée réunissant les 12 directions avec l'ensemble des délégués syndicaux ou représentants du personnel du site. Ses membres se réunissent tous les deux mois ou une fois par mois si l'actualité l'exige. Ses objectifs sont :

- informer les représentants du personnel et des entreprises sur l'actualité du site,
- recueillir les suggestions des représentants du personnel et des entreprises pour l'amélioration des conditions de vie sur le site,
- initier et organiser des activités culturelles et sportives à l'échelle du site,
- favoriser les échanges d'expériences entre les partenaires.

Le Forum Social n'est pas un lieu de négociation et ne se substitue en aucun cas aux instances représentatives du personnel. Ce Forum doit également amener une amélioration des conditions de vie sur le site et promouvoir la création d'activités culturelles et sportives communes.

La définition et le lancement de cette instance n'ont cependant pas été simples. Au début, les syndicats ont refusé de participer à ce Forum Social, pourtant bien considéré par l'Inspection du Travail. Ils tenaient à maintenir les pratiques de négociation telles qu'elles avaient lieu de manière séparée dans le cadre de chaque société, et il fallut les talents et la volonté de persuasion de H. Bölstler pour convaincre ses interlocuteurs que cette instance ne serait pas un organe de négociation, mais un lieu d'échange, d'information et de dialogue. Ce qui était nouveau, c'était que chacun des partenaires, y compris MCC, était tenu de diffuser l'information sur son évolution et ses éventuels problèmes, litiges ou questions en négociation. Ce dispositif avait ainsi l'avantage d'alerter l'ensemble des partenaires afin de permettre la mise en oeuvre de mécanismes de facilitation et de médiation avant que la négociation ne débouche sur des conflits préjudiciables à l'ensemble du site. Dans les faits, le Forum était appelé à favoriser une circulation plus formelle de l'information afin de limiter les rumeurs, les craintes et le sentiment latent sur un site fait d'entités indépendantes « d'être moins bien traité que les autres ». En outre, il permettait de « protocoler » les échanges pour formaliser l'information : l'écrit serait utilisé, et l'information largement diffusée.

Peu à peu, le Forum Social a pris corps et est devenu une instance où se retrouvent les représentants des directions et les délégués syndicaux de tous les partenaires-système, soit environ 50 personnes (12 représentants des directions, 23 représentants syndicaux, et 25 autres représentants du personnel). Il fonctionne comme un « quasi-Comité d'Entreprise », sans en avoir les prérogatives, mais complétant au niveau collectif ce qui se fait dans chaque entreprise. Ainsi plusieurs groupes de travail ont-ils été mis en place avec pour objet d'harmoniser les pratiques entre les partenaires. Ils sont dirigés chaque fois par un responsable de MCC France et comprennent des représentants de toutes les sociétés. Cinq comités se sont peu à peu structurés de manière permanente : le « Comité Sécurité », le « Comité Process et Information », le « Comité Politique Sociale », le « Comité Protection de l'Environnement » et le « Comité Communication ».

C'est ainsi qu'en matière de sécurité, un plan d'évacuation du site a été préparé par le comité ad hoc. De même, en matière de rémunération, un système commun de pesée des postes a été mis en place chez tous les partenaires. Ainsi, même si chaque société garde sa liberté en matière de rémunérations, la rétribution d'un poste donné se situe-t-elle entre un minimum et un maximum déterminés quel que soit l'employeur, ce qui permet d'atteindre une certaine harmonisation des rémunérations sur le site. Pour conduire à bien le fonctionnement de ce Forum Social, MCC a recruté un consultant à plein temps chargé d'en assurer l'animation. Il sert en outre pour une grande part de conseil aux partenaires, qui sont généralement des entités de dimension moyenne, peu armées sur le plan du personnel et encore assez peu habituées à opérer en interdépendance sur un même site industriel.

La Charte Sociale

H. Bölstler tenait à l'idée d'un « code de conduite ».

Au-delà de l'action du Forum Social, H Bölstler tenait à l'idée d'un « code de conduite » qui avait été exprimée dans les réunions conduisant à la création de cette instance. Il fallait en effet aller plus loin et obtenir des parties prenantes l'engagement moral d'avoir un comportement tourné vers le dialogue et la négociation pour traiter les conflits. L'idée s'est donc imposée d'élaborer une Charte Sociale. Là encore, il fut demandé à chacun d'émettre des propositions. Chaque entreprise a donc préalablement préparé sa propre charte. Un document d'ensemble a ensuite été mis au point, validé et signé par les directions de chacun des partenaires et les syndicats.

>> Charte sociale de smartville

Les signataires s'engagent ensemble à promouvoir le projet smartville, la pérennité de l'emploi, les conditions de vie et de travail des salariés. Ils s'engagent notamment à développer le dialogue social et à :

> impliquer davantage les instances représentatives,

> négocier dans chaque entreprise ou agences des accords qui tiennent compte des contraintes et attentes des salariés et des directions,

> rechercher par la voie du dialogue et de la négociation des solutions, dans l'intérêt commun des salariés, des entreprises ou agences, et du site,

> respecter la liberté d'opinion de chacun dans la limite du respect dû à chaque individu,

> développer les solidarités sur le site, dans un souci permanent du maintien de l'emploi,

> respecter les accords d'entreprise signés avec les délégués syndicaux,

> participer au forum social de smartville pour développer l'information mutuelle, la consultation des salariés sur des sujets site et la promotion des activités sociales et culturelles.

Fait à smartville, le 6 octobre 2000

Fac-similé de la Charte Sociale avec les signatures des parties prenantes

Les signataires s'y engageaient ensemble à promouvoir le projet smartville, la pérennité de l'emploi, les conditions de vie et de travail des salariés. Ils s'engageaient notamment à développer le dialogue social et à :

- impliquer davantage les instances représentatives,
- négocier dans chaque entreprise ou agence des accords qui tiennent compte des contraintes et attentes des personnels et des directions,
- rechercher par la voie du dialogue et de la négociation des solutions, dans l'intérêt commun des salariés, des entreprises ou des agences et du site,
- respecter la liberté d'opinion de chacun dans la limite du respect dû à chaque individu,
- développer les solidarités sur le site, dans un souci permanent de maintien de l'emploi,
- respecter les accords d'entreprises signés avec les délégués syndicaux,
- participer au Forum Social pour développer l'information mutuelle, la consultation des salariés sur des sujets concernant le site, et la promotion des activités sociales et culturelles.

Ce document fut arrêté à smartville le vendredi 6 octobre 2000 par l'ensemble des directions et des représentants du personnel.

Classique, voire lénifiante dans son contenu, cette charte tire sa force de son mode d'élaboration qui lui donne valeur de déclaration de bonne volonté, d'engagement mutuel : le travail de six mois de préparation de cette charte a été l'occasion de bien appréhender la nécessité pour les directions de discuter avec leur personnel, et pour les représentants du personnel de ne pas faire grève de manière intempestive. L'élaboration de ce texte a ainsi constitué un formidable outil de transformation culturelle. On notera au passage la mise au point de la notion de solidarité sur le site, notamment en matière d'emploi. Validée le 6 octobre 2000, cette charte a été signée progressivement par les directions et les organisations syndicales. Elle a réellement joué son rôle en faveur de la concertation, de la prévention et de l'amélioration du climat social. Par exemple, quand, fin 2000, un problème est advenu chez Krupp, il a été immédiatement évoqué lors de réunions du Forum et a pu trouver une solution conjuguant les efforts de plusieurs partenaires, avec l'aide de MCC, sans déclenchement de conflit.

La création de périodiques internes au site

Les réunions du Forum Social avaient fait apparaître que l'effort d'information pourrait être mieux servi par la création d'un journal interne diffusé sur l'ensemble du site. Un mensuel a donc été lancé cette même année 2000 avec un comité de rédaction composé de représentants des 12 entreprises de smartville. Intitulé « *Ensemble pour smartville* », il donne des nouvelles du site et d'événements liés à l'évolution de la production et des ventes, aux futurs modèles, à la description et à l'évolution des partenaires, aux mouvements de personnes.

Un mensuel a été lancé en 2000 avec, pour comité de rédaction, les représentants des 12 entreprises.

Une rubrique intitulée « *smart-jobs* » a ensuite été insérée dans chaque numéro. Cette rubrique est avec le temps devenue un document autonome regroupant chaque mois les offres d'emploi du site. Affiché au restaurant d'entreprise, cette sorte de bourse aux emplois permet à chaque salarié de connaître les besoins des différents partenaires. Unanimement reconnue comme très efficace, cette initiative a beaucoup favorisé la mobilité interne et contribué au sentiment de solidarité de l'emploi à smartville.

Si elles ont considérablement amélioré les relations et le climat social, ces différentes actions n'ont cependant pas permis de prévenir totalement les conflits. C'est ainsi qu'en avril 2001, une grève s'est produite chez MCC. Pour faire face à l'augmentation de la production, il était en effet devenu nécessaire d'augmenter les horaires de travail. La coordination entre MCC et ses partenaires s'est mal faite sur cette question, MCC négociant rapidement alors que tous ses partenaires n'étaient pas prêts. Les autres sociétés ont attendu que le problème se règle chez MCC. Leurs salariés ont ensuite demandé à bénéficier de ce qu'avait obtenu le personnel de MCC ! Sans doute de telles difficultés sont-elles inévitables, et les structures mises en place demandent-elles encore à être rôdées et améliorées : la régulation d'un site comme celui de Hambach est une affaire complexe.

Le pilotage social d'un site partenarial : une fonction nouvelle

Le pilotage social est nécessaire pour éviter que les problèmes sociaux ne constituent la limite du système.

À travers cette présentation des enjeux sociaux qui ont traversé le site, on voit à quel point, au-delà du pilotage industriel de la production et de la gestion économique, la responsabilité du pilotage social de smartville est devenue, pour MCC France, une fonction majeure. Mais saurait-on définir exactement cette nouvelle fonction ? À smartville elle exige de la direction de MCC une écoute attentive des partenaires, une capacité à mettre les parties en présence, à rechercher des solutions en comprenant les difficultés de cadres étrangers, juniors ou surchargés, pour traiter des situations complexes. Il lui faut également comprendre des salariés qui ont souscrit aux perspectives un peu idéales qui leur ont été proposées lors de l'embauche, avec un engagement personnel fort pour la réalisation d'un projet passionnant conduit avec une hiérarchie réduite, faisant place pour chacun à une grande autonomie, mais qui sont en même temps rassurés par le schéma de l'action syndicale classique auquel ils s'accrochent. À Hambach, s'est ainsi créé un corps social jeune, performant, réactif et adaptable, mais instable. smartville est ainsi un système en équilibre dynamique : les interactions y sont multiples, les situations provisoires. smartville passe par des hauts et des bas, d'intéressantes performances et des conflits sociaux ! Sans doute l'adaptabilité et la flexibilité sont-elles à ce prix.

Pour tirer bénéfice des qualités du site et éviter que la question sociale ne pose une sévère limite au dispositif que les fondateurs ont cherché à créer, il est essentiel de mettre en place des structures de dialogue et d'information (ici le Forum Social), de s'accorder avec tous sur des principes (ici la Charte Sociale), d'apporter des compétences que tous les partenaires n'ont pas forcément (ici des compétences juridiques) et une assistance (ici un consultant en ressources humaines), d'assurer la coordination de l'ensemble du site et d'en faire vivre les instances. MCC consacre une énergie importante au pilotage social de smartville, mais ne peut se prévaloir pour cela d'aucune autorité hiérarchique sur ses partenaires : son rôle n'est pas de diriger, en la matière, mais d'animer !

Si l'on mesure les performances sociales d'une usine par le taux d'absentéisme de son personnel, on peut dire qu'à Hambach, le résultat est assez satisfaisant, avec un chiffre de 3 %. Très marqué par l'action syndicale et les problèmes sociaux au cours des années 2000 et 2001, le site évolue encore. Grâce aux réflexions qui sont intervenues durant cette période et aux outils qui ont été mis en place, l'encadrement est plus impliqué dans le jeu social. Un nouvel équilibre se fait jour.

En regroupant dans une même enceinte industrielle les salariés émanant des différents partenaires, l'organisation modulaire mise en place à smartville a créé de fait une unité sociale d'un type nouveau qui n'avait pas été prévue par le management de MCC France. Le « quasi-Comité d'Entreprise » que représente le Forum Social, le dispositif commun de pesée des postes, la solidarité de l'emploi que suscite « smart-jobs » confirment bien dans les faits l'existence d'un collectif spécifique. L'action syndicale qui s'y est développée est somme toute très classique par rapport à tout site industriel important, mais les modalités de management sont différentes des pratiques traditionnelles de la France. Le contour de cette entité nouvelle qu'est smartville dépasse le cadre de l'entreprise, les lois et les pratiques ailleurs courantes y sont insuffisantes. Il a fallu en inventer de nouvelles : MCC a su générer des dispositifs de régulation adaptées à une organisation dont d'autres pourront s'inspirer.

Chapitre 13

L'expérience du partenariat à Hambach

« *La nouvelle économie en réseau suppose que les entreprises partenaires partagent des informations et construisent un climat de confiance au lieu de se percevoir en tant qu'acheteurs et vendeurs aux intérêts antagonistes.* »

Jeremy Rifkin, 2000

DIVERGENCES ET SOLIDARITÉ

Un sujet d'interrogation

Dans les chapitres précédents, nous avons plutôt adopté le point de vue de MCC France en tant que tête de file de l'organisation industrielle, économique et sociale du site. Nous allons maintenant nous intéresser au point de vue des partenaires. Quels sont leurs objectifs et leurs éventuels conflits d'intérêt ? Qu'est-ce qui fait tenir ensemble ce réseau d'entreprises indépendantes contraintes d'harmoniser leurs actions pour un donneur d'ordre qui n'est

Nous allons maintenant nous intéresser au point de vue des partenaires.

même pas vraiment présent sur le site de Hambach, puisqu'en dernier ressort les règles du jeu sont édictées par MMC GmbH, localisé à Renningen, beaucoup plus que par MCC France ?

Au-delà des réseaux de convoyeurs, des outils logistiques et du système d'information qui solidarisent les sociétés partenaires de MCC, leurs raisons de divergence paraissent en effet innombrables : défauts de l'une, retards de l'autre, compétition pour obtenir une priorité vis-à-vis de MCC France ou de MCC GmbH, volonté de telle entreprise d'accroître ses marges, fût-ce aux dépens des autres, réaction de tel partenaire devant la nécessité de réduire des pertes… Alors, y aurait-il des mécanismes spécifiques qui permettraient de limiter les conduites opportunistes et de les réguler ? Comment, le cas échéant, s'effectue le départ d'un partenaire et comment se décide son remplacement ? Quel est le rôle des contrats ? Voici quelques-unes des questions que nous voulons approfondir.

Une aventure commune faite de défis techniques et d'innovation

Les partenaires estiment faire un investissement industriel et technique porteur pour leur société.

Nous avons déjà évoqué les conditions dans lesquelles les équipementiers ont été abordés pour entrer en partenariat avec MCC. Au fil du temps, il apparaît clairement que la participation à ce projet a été conçu par la plupart des partenaires comme un investissement industriel et technique porteur pour l'avenir de leur société. Tel dirigeant de l'un des partenaires-système en témoigne : « *Quand je suis arrivé ici, je me suis dit que c'était le centre de développement de DaimlerChrysler. J'avais l'impression qu'on avait réuni là tous les originaux de la société qui avaient des idées intéressantes en leur disant : 'Faites ce que vous voulez, et si vous arrivez à vendre, tant mieux, mais nous aurons de toute façons compris lesquelles de ces idées pourront être réutilisées dans le futur.'* Ici, nous avons appris des quantités de choses. Les défis techniques ont été extraordinairement compliqués. Chacun a fait des tours de force : les portes s'adaptent* *sans réglage avec huit boulons, les feuillards sont soudés par trois avec une précision étonnante, les couleurs des panneaux plastiques restent parfaitement assorties après trois ans au soleil de Floride, le procédé de peinture est nouveau... Si le challenge et le risque sont grands et si vous réussissez, alors vous êtes le meilleur. Maintenant on vient nous chercher en nous disant que nous sommes les seuls à pouvoir faire ça. »*

Dans la même veine, un autre partenaire nous a confié : « *On a accepté un risque technique important : la société Wörvag a développé un produit nouveau pour être adapté au cahier des charges de l'automobile, et nous, nous bâtissons des installations clé en main pour les constructeurs. Nous avons accepté de nous placer entre le marteau qu'est notre fournisseur et l'enclume qu'est MCC, sans être sûrs qu'il serait possible d'utiliser ces peintures en poudre contenant de l'aluminium métallique dans le champ électrostatique de nos installations, et sans garantie qu'elles auraient enfin la résistance voulue. Mais notre but a été de faire ici une vitrine de nos capacités. »*

Ces propos en disent long sur les risques techniques qui ont été pris et sur les motivations de ces partenaires. J. Tomforde avait raison de leur « vendre » de l'innovation et de l'apprentissage ! Cela dit, chacun des partenaires a bien eu conscience de tirer profit du laboratoire industriel de DaimlerChrysler auquel il a accepté de participer. Tous ont fait le pari qu'il en sortirait quelque chose. Les parrains du projet ont en effet, inconsciemment, créé un contexte offrant à la fois l'autonomie et la sécurité : l'assurance du respect de la liberté d'entreprendre dans le cadre du partenariat avec MCC (loin des contraintes imposées par un grand constructeur) et en même temps la garantie de sérieux et de puissance de Mercedes devenue peu après DaimlerChrysler.

On pourrait faire ici un rapprochement avec le projet Saturn conduit dans les années quatre-vingt par General Motors ; mais Saturn, lui, était, explicitement et très clairement un projet General Motors. Ici, MCC a tout d'abord cherché à se démarquer de Mercedes et de DaimlerChrysler. Mais finalement, une fois le projet sur les rails, cette entreprise a reconnu sans difficultés cette filiation en devenant une marque du groupe. Mercedes aura, au final, conduit une opération d'innovation dont il aura tiré de nombreuses leçons, notamment sur le plan industriel, des transferts de pratiques intéressantes ayant été réalisées depuis dans d'autres usines du groupe. Les équipementiers, tous proches de la société mère, ne s'y sont pas trompés, et plusieurs années après la décision de participer au projet, ils reconnaissent encore que son caractère intrinsèquement innovant a constitué un facteur clé de leur motivation. Le sentiment d'avoir accompli ensemble d'extraordinaires tours de force génère toujours entre eux une forte complicité.

Un usage limité des contrats

La coordination directe entre les équipementiers constitue une innovation majeure.

Les grands équipementiers du secteur automobile travaillent habituellement sur un plan bilatéral, en ligne directe avec le constructeur : ils n'ont pas l'occasion de travailler dans un cadre aussi collectif avec les autres fournisseurs. Ici, le système mis en place par MCC les a contraints à entrer directement en coordination entre eux pour mettre au point les solutions techniques nouvelles demandées par MCC et lancer la production très rapidement, dans une logique de réseau, ce qui les a éloignés de la démarche contractuelle habituelle.

À cela s'ajoutent les importantes difficultés industrielles et techniques qu'ils ont dû surmonter et qui ont agi comme une vigoureuse expérience collective de « *team-building* » en grandeur réelle, générant un profond esprit de solidarité entre les partenaires. smartville bénéficie encore de cet élan et continue d'apparaître comme un ensemble d'équipes solidaires et non comme un regroupement de sociétés liées par des contrats. « *Ici, on a une volonté de réussir née du fait qu'on a tous ensemble monté un projet à partir de zéro : on a eu des bas, maintenant on profite des hauts.* »

Ce « collectif » se vit ainsi comme un ensemble de co-responsables du projet : la smart, ce n'est pas MCC, c'est smartville, c'est à dire l'ensemble des partenaires. Ceux-ci ne se ressentent pas comme des fournisseurs de MCC. Comme l'exprime ce directeur d'une entreprise partenaire : *« Le mot fournisseur qu'emploient parfois encore les gens de MCC devrait avoir disparu. Le mot "partenaire" implique quelqu'un qui sait se contenter de la parole donnée. Ça me vexe d'être traité en fournisseur : dans ma tête je suis partenaire. »* Sa société a commencé à travailler sur le site en août 1998, alors que son contrat est daté de novembre 1999 !

La question des contrats et de l'usage très modéré qui en est fait à smartville revient fréquemment comme un témoignage de la réalité de la relation partenariale très particulière qui règne ici. Les contrats signés par les partenaires-système avec MCC paraissent pourtant stricts, exposant ceux-ci à des risques élevés en cas de défaillance. Souvenons-nous qu'ils contiennent une clause stipulant qu'un partenaire pourrait se faire imposer des pénalités en cas de défaillance de sa part. Or, malgré toutes les difficultés du démarrage, jamais cette clause n'a été mise en oeuvre. Un équipementier nous a d'ailleurs déclaré que l'usage de cette clause entre partenaires serait considéré comme une déclaration de guerre, tant la logique de solidarité et d'entraide est forte : *« Si on a un problème et que l'on dit aux autres : "J'ai un robot en panne", on joue alors carte sur table et on cherche une solution ensemble. À ce jour, on a eu l'intelligence de ne jamais sortir les contrats. L'un d'entre nous a bien tenté une fois de le faire, mais tous les autres se sont retournés contre lui en lui disant : "Si un jour tu es en difficulté, on te revaudra ça !"… Et il a remballé son contrat. »*

Des dispositifs de coordination et un arbitre permanent : MCC

MCC joue clairement le rôle d'animateur, de coordinateur et d'arbitre entre les partenaires-système. Même si ce dernier terme est jugé excessif par les représentants de

Le rôle de facilitateur et d'arbitre bienveillant joué par MCC est clairement perçu par les partenaires.

MCC, cette entreprise est cependant clairement perçue dans ce rôle par les représentants des partenaires : « *En cas de défaut constaté sur la chaîne,* dit l'un d'eux, *je vais voir tout de suite de quoi il s'agit et je négocie avec mon homologue de MCC pour savoir qui est responsable. On s'arrange le plus rapidement possible à l'amiable.* » Tel autre équipementier système témoigne : « *Il n'y a pas de problèmes entre partenaires : tous les problèmes convergent vers MCC qui n'est pas l'arbitre, mais qui a la clé de la résolution de problèmes à trois ou à plusieurs.* » On retrouve bien cet enjeu de la coordination multi-latérale où les problèmes se résolvent généralement à plusieurs, et c'est sans doute ce qui explique que MCC apparaisse comme un facilitateur apprécié pour ce rôle et la façon dont il est tenu.

Outre le Forum Social, des dispositifs formels de coordination existent entre les directions des partenaires et MCC. C'est le cas, par exemple, du forum des Directeurs des sociétés partenaires et du forum des Directeurs des Ressources Humaines dont les assemblées s'ajoutent aux réunions périodiques des responsables de plannings.

La profitabilité et la liberté : ciments de la solidarité

Peut-il y avoir conflit entre les obligations de smartville et les impératifs des entreprises parentes des partenaires ?

En se projetant dans l'univers des partenaires-système à smartville, on ne peut échapper à la question des éventuelles contradictions entre les obligations liées au projet MCC et les impératifs de rentabilité imposés aux partenaires par leurs entreprises parentes. La belle cohésion des personnes et des différentes sociétés partenaires que nous avons vue ci-dessus ne met-elle pas de temps à autre les directeurs locaux en conflit de loyauté avec leur société mère ? Sur le terrain, aucune « tempête sous un crâne » ne semble pas avoir été véritablement vécue par l'encadrement des équipementiers. Quand on pose la question à un cadre travaillant pour un partenaire-système : « *Vous sentez-vous plus fidèle au projet smart ou à votre société ?* », après un instant de réflexion, la réponse est claire : « *Je suis 50 % smart et 50 % cadre de ma société, et cette dualité ne me pose aucun problème.* » Quand un choix est à faire, qu'est-ce que les équipementiers prennent prioritairement en considération : les intérêts du projet smart ou ceux de leur entreprise parente ? Un élément de réponse nous a été apporté par ce directeur de l'un des partenaires systèmes : « *J'ai du mal à me dissocier du projet smart : je le défends plus que tout. Il me colle à la peau. En fait j'ai deux patrons : mon actionnaire et mon client, et c'est ce dernier qui pèse le plus, car c'est avec lui que j'ai le plus de contacts. Vous comprenez, on est très décentralisé : ici, je suis chef chez moi, et tant que je fais du profit, je reste maître de la relation client. Voilà pourquoi je m'identifie si fortement à smart.* »

En clair, la profitabilité pour les partenaires-système est essentielle aux bonnes conduites décrites ci-dessus et à la viabilité de ce modèle d'organisation modulaire. Or, si la rentabilité de leur implantation à smartville n'est pas des plus remarquables, les équipementiers n'y perdent pas d'argent, et cela bien que le véhicule n'ait pas encore atteint ses objectifs commerciaux. Les sociétés-mères peuvent donc espérer de meilleurs résultats à moyen terme. En outre, nous l'avons vu, la stratégie de la plupart des équipementiers a été de faire de smartville un laboratoire d'innovation et d'apprentissage et une vitrine de ce qu'ils sont capables de réaliser sur les plans technique et industriel. Pour cela, ils sont prêts à faire quelques efforts, en particulier à laisser beaucoup d'indépendance à leur filiale.

Cette liberté est certainement un des biens les plus précieux dont puisse disposer le responsable local d'un partenaire système. Son succès repose en effet largement sur son autonomie. Il est indispensable, dans un système aussi intégré, qu'il puisse s'adapter aux conditions locales, réagir devant des situations imprévues, décider rapidement et souplement de la conduite à tenir. En outre, le fait que ces implantations soient des entités de droit français leur octroie, en tant que filiales de sociétés allemandes, une liberté supplémentaire. Ainsi, il est intéressant d'observer que les partenaires-système qui n'avaient que des établissements en France sans autonomie vis-à-vis de leur société mère ont tous rencontré de grandes difficultés à smartville : il n'en reste plus qu'un seul à se trouver dans cette situation inconfortable.

La double allégeance des partenaires : à smartville... et à Stuttgart

Le pack des partenaires système à Hambach a son corollaire chez les fidèles fournisseurs de DaimlerChrysler.

Enfin, pour bien comprendre cette dynamique de partenariat, il est important d'intégrer le fait que les sociétés mères de ces partenaires-système sont pour la plupart d'origine allemande et proches de Mercedes. Elles appartiennent à la famille des fournisseurs de Mercedes et, parmi ceux-là, elles tendent à former un petit club des privilégiés qui ont osé... et appris. Elles ont choisi de participer à l'aventure, mais Mercedes, de son côté, les a aussi choisies, pour la plupart, en piochant dans son réservoir d'alliés fidèles : Dynamit Nobel, Eisenmann, Krupp Hoesch... Toutes ces sociétés sont des fournisseurs habituels implantés à Sindelfingen, et toutes sont intéressées à garder de bonnes relations avec Daimler-Chrysler. Pour elles, le pari consistait aussi à prouver au constructeur qu'elles étaient de solides alliées prêtes à s'engager avec lui. Il semble bien que l'on leur ait laissé comprendre qu'en retour, on leur en saurait gré sur d'autres terrains. En d'autres termes, le pack des dirigeants des partenaires-système à Hambach a son symétrique, le pack des dirigeants des fidèles fournisseurs de DaimlerChrysler.

Il arrive même que les directions locales considèrent qu'une maison mère ne soutient pas suffisamment sa filiale : le problème peut alors être reporté au niveau supérieur, par exemple par MCC France, pour obtenir le soutien souhaité. Mais les relations avec les sociétés parentes des partenaires ont pu jouer aussi différemment. Ce double niveau de relations partenariales est illustré par le propos suivant : « *Il y a bien eu des dirigeants peu coopératifs parmi les partenaires. Ils se sont fait éjecter par coups de*

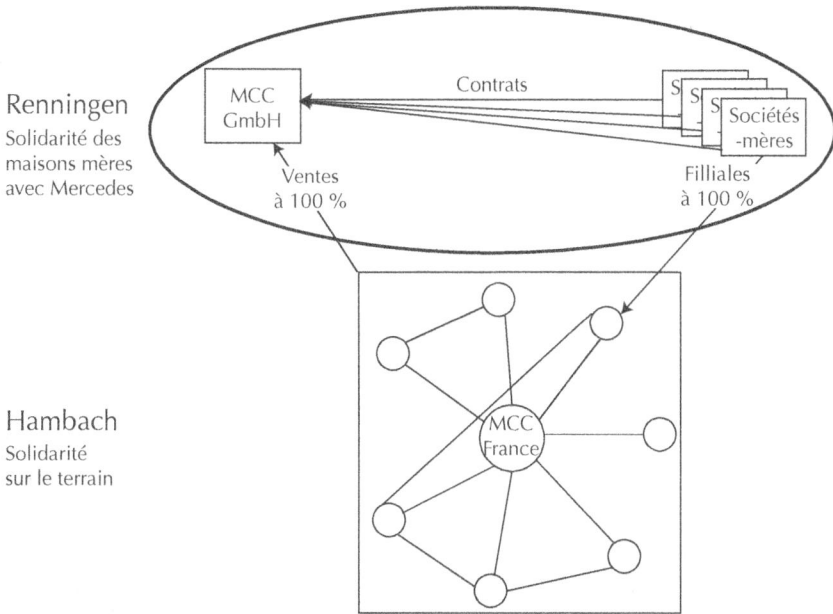

Renningen
Solidarité des
maisons mères
avec Mercedes

Hambach
Solidarité
sur le terrain

Deux niveaux de partenariat, une double solidarité

téléphone des uns et des autres vers leur maison mère. Et si de plusieurs côtés arrivaient des coups de fil à mon patron, je sauterais ! » Solidarité donc, mais construite et intéressée.

Une solidarité fragile ?

Mais cette solidarité des personnes et des sociétés durera-t-elle ? Ce n'est pas certain. Au moment du lancement, il fallait réussir, et l'on pouvait faire des concessions. Mais à présent, chaque société retrouve sa stratégie propre. Les sociétés locales sont trop petites pour assurer toutes les fonctions de structure nécessaires (finances, études, stratégie…), et dès qu'une question importante se pose, elles sont obligées de faire appel à leurs maisons mères qui ont toutes des intérêts divergents. Pour préparer l'avenir, organiser le lancement des futurs modèles, envisager des investissements, la capacité de réflexion et de décision locale est trop faible, ce qui fait que l'union sacrée qui a régné jusqu'ici n'est pas garantie à terme. En fait, l'entité locale filialisée pour des raisons juridiques et fiscales peut être très

L'entité locale filialisée peut être très vite ramenée à un statut d'unité de production de la maison mère.

vite ramenée à son statut d'unité de production, sans véritable autonomie. Encore une fois, ce n'est pas le cas actuellement, mais cela pourrait se produire. C'est vrai pour les partenaires-système, mais tout autant pour MCC France.

Les relations en deviennent donc parfois très délicates, voire ambiguës, entre les organes de décision des diverses sociétés. Par exemple, il n'est pas toujours évident de savoir qui contacter pour telle question quelque peu importante, ni comment sera prise la décision attendue. Rappelons que si les filiales locales négocient leur contrat avec Renningen, ces négociations se font aussi avec leurs maisons mères qui ont d'autres rapports avec le groupe DaimlerChrysler. L'action se déroule bien à Hambach, mais les acteurs sont pris dans un jeu de forces qui peut les dépasser très rapidement et les rendre vulnérables à titre personnel… Mais peut-être cela renforce-t-il encore leur obligation de solidarité sur le terrain !

LES MOUVEMENTS DE PARTENAIRES ENTRE 1998 ET 2001

Durant les quatre années d'exploitation, cinq partenaires ont quitté smartville, à chaque fois pour des raisons différentes, qu'il est intéressant d'explorer.

Premiers départs : ceux d'Ymos et de PA

Ymos ne parvint pas à mettre au point dans les temps son processus technique.

Ymos avait en charge la production des portes. Son atelier était positionné, dans le flux, entre Dynamit Nobel produisant les panneaux plastiques et la ligne de montage final de MCC. Ymos ne parvint pas, au lancement de la production, à l'été 1998, à mettre au point son processus technique, si bien que les problèmes de qualité étaient fréquents, demandant jusqu'à 80 % de retouches et créant des retards. Sans doute les difficultés de la maison mère étaient-elles pour quelque chose dans l'échec d'Ymos (faillite suivie de revente, suivie elle-même d'une restructuration). En tout état de cause, les conséquences industrielles et économiques étaient trop importantes pour les différents partenaires pour que la situation perdure.

Ymos se dépensait sans succès pour remédier aux problèmes et MCC chercha à l'aider en lui apportant personnel et matériel, puis finalement décida de prendre en mains directement le problème, mais en vain. Devant le manque de résultats, Ymos et MCC décidèrent, d'un commun accord, de jeter l'éponge : tout le monde perdait trop d'argent dans cette affaire, et l'on se sépara. MCC fit alors appel à Magna-Uniport qui était prêt à relever le défi. Magna reconstruisit totalement l'atelier, et cinq mois plus tard (sic), la nouvelle unité de production de portes démarrait avec le personnel d'Ymos, que Magna-Uniport avait repris.

PA Consulting avait un contrat d'un an et demi pour assurer, pour tous les partenaires, le recrutement initial à Hambach. Il ne s'agissait pas à proprement parler d'un partenariat avec tout ce que cela implique de relation à long terme et de partage des risques, mais d'une décision d'« *out-sourcing* » prise dans le cadre d'une réflexion « *make or buy* ». MCC achetait une compétence requise provisoirement par des sociétés étrangères pour recruter l'ensemble du personnel du site, chacune de ses sociétés assurant elle-même sa fonction Ressources Humaines. PA avait été retenue en partie pour son expérience dans de nombreux pays, mais le défi était redoutable pour elle, car il lui était demandé d'assurer l'intégralité du recrutement et d'aller jusqu'à la constitution du contrat de travail. Tout naturellement, à l'issue de l'année et demie prévue par contrat, la mission principale étant terminée, on se sépara ; mais, comme il était prévu que le personnel de PA puisse être embauché par MCC, la plupart de ceux qui avaient construit ce service de recrutement sont restés et la continuité a été parfaitement assurée.

Des départs liés aux changements à smartville

Avec Bosch,
la situation fut plus
difficile à démêler.

Avec Bosch la situation fut plus difficile à démêler que dans les cas précédents. Bosch avait en charge la production du module avant qui comprenait notamment les phares, le radiateur, la climatisation, la barre de sécurité, les supports en plastique. Bosch employait pour cela environ 40 personnes. Quand intervint, à partir de 1999, la recherche approfondie de réduction des coûts de production pour sauver le projet, il fut demandé à tous les partenaires de proposer des améliorations de productivité allant au-delà des 2 % par an prévus aux contrats. Il était clair que les améliorations devaient être recherchées non seulement par chaque partenaire séparément, mais aussi avec MCC et les autres partenaires pour envisager le système véhicule et le système production dans leur entier et élargir ainsi au maximum le champ des propositions d'amélioration.

Au cours de cette analyse il apparut alors que :

- la notion de module avant n'était pas ici essentielle ;
- Bosch supportait une charge de structure importante avec, pour 40 personnes seulement, un directeur, un DRH, la structure administrative légale française, ainsi qu'une équipe pour assurer le développement des évolutions du véhicule ; les coûts de structure étaient supérieurs aux coûts de production ; la valeur ajoutée était donc trop faible ;
- la fabrication de phares à Hambach se faisait à une échelle beaucoup trop petite pour soutenir la comparaison avec les coûts des grandes séries.

Quelle solution favorable aux deux partenaires pouvait-on alors trouver ? Le débat fut difficile et se conclut par l'élimination de la notion de module avant : le montage correspondant serait assuré par MCC et les phares produits en République Tchèque, dans une usine de Bosch à forte productivité. Bosch est donc resté un fournisseur important, mais n'est plus présent sur le site en tant que partenaire-système. Là encore le personnel a été repris par MCC.

« On a demandé une productivité supplémentaire aux partenaires pour rendre le projet viable, indique Andréas Renschler, Président de MCC GmbH, pour expliquer le départ de Bosch. *On ne parle pas de prix, on parle d'analyse de la valeur ("value engineering"), de "process" industriel plus fiable et, plus globalement, de création de valeur. On se met autour de la table avec chaque partenaire, et on lui demande ce qu'on peut faire ensemble pour améliorer sa performance : Bosch nous a proposé des actions qui faisaient gagner 10 %. "Trop peu", lui avons-nous déclaré. Alors, il a déplacé sa production de phares dans son usine en Tchécoslovaquie où il les réalise avec une bien meilleure productivité, et nous avons repris nous-mêmes le montage du module avant. On ne réfléchit plus seulement à la valeur d'une pièce, on met en cause le « process » tout entier et on cherche à améliorer les résultats dans un sens où tout le monde est gagnant. Mais on ne s'interdit pas de changer de partenaire. »*

À la fin 2001, avec l'accroissement des variantes du véhicule, les exigences de place pour satisfaire les besoins de la logistique des rechanges dépassaient les 6 500 m^2 initiaux, obligeant TNT (partenaire responsable de ce secteur) à installer un dépôt de 3 000 m^2 supplémentaires, puis un autre de 5 000 m^2 à Sarralbe… Et il aurait fallu encore 10 000 m^2 de plus ! Or, il se trouve qu'à la même époque, DaimlerChrysler investissait à Hatten, près de Haguenau, un centre destiné à gérer les pièces de rechange du groupe pour l'Europe et dépendant du Global Logistic Center (GLC) de DaimlerChrysler à Germershausen, dans le Palatinat. L'extension des surfaces à proposer à TNT sur le site de Hambach apparaissait peu logique dans ce contexte. De plus, depuis avril 2001, MCC avait décidé que la production du prochain véhicule de la gamme smart, le roadster, se ferait à Hambach ; on avait pour cela besoin des surfaces occupées par TNT ! La séparation était donc inévitable, MCC reprenant l'activité de TNT et ses 40 employés. L'histoire

Le roadster déloge TNT.

ne dit pas quelles furent les compensations correspondantes, mais « *Notre départ s'est effectué en excellents termes…* » affirme son directeur, JC. Fechter.

Le système d'information : une fonction devenue trop stratégique pour être confiée à un partenaire.

Au lancement de MCC, Arthur-Andersen Consulting était un partenaire système très important puisque pour gagner en efficacité, la définition, la mise en place et le fonctionnement du système d'information lui furent confiés. Contrairement à ce qui avait été prévu pour les ressources humaines, c'était un vrai partenariat qui avait été conclu pour assurer une fonction complète sans limite de temps. Au départ l'idée était de s'affranchir du système SAP utilisé par Mercedes et d'utiliser le système BaaN employé par Arthur Andersen. Mais avec le temps il fallut développer de multiples applications supplémentaires et de nombreux accès, et le système devint complexe. Par ailleurs, des problèmes de compatibilité se présentèrent entre le système SAP utilisé par Mercedes et le système BaaN utilisé par Arthur-Andersen Consulting. MCC étant devenue entre temps une société entièrement DaimlerChrysler, et la nouvelle politique de la société étant de s'appuyer beaucoup plus fortement sur le groupe, il fut décidé de reprendre complètement en main le système d'information avec l'aide des services centraux de la firme : on touchait au cœur du fonctionnement de la société, et il paraissait dangereux de dépendre de tiers pour cette fonction stratégique. Il semblait surtout regrettable de voir capitalisés ailleurs que dans la société MCC une grande partie de l'expérience et du savoir-faire acquis et expérimentés sur le site. D'un commun accord, la séparation s'est faite avec reprise par MCC du personnel d'Arthur Andersen dépositaire des compétences acquises.

Enfin, plusieurs smart-centers constatant des ventes très inférieures à ce qui avait été prévu dans leur business-plan, décidèrent de quitter le projet : leurs locaux, matériels et personnels furent repris par MCC et sont maintenant inclus dans le système de distribution du groupe DaimlerChrysler.

Aucun de ces départs n'a pris un tour conflictuel. TNT et surtout Bosch restent des fournisseurs fidèles de Daimler-Chrysler. L'histoire ne dit d'ailleurs pas encore quels bénéfices indirects ceux qui ont quitté Hambach ont tiré de leur participation même temporaire au projet smart.

Un partenariat globalement stable

Nous avons évoqué les départs, mais il y eut aussi l'arrivée de Magna-Uniport pour remplacer Ymos, et avec la préparation du roadster, de nouveaux contrats d'alliance ont été signés avec les partenaires initiaux. La relation se prolonge et avec le noyau dur de partenaires, le partenariat amorcé se développe et s'étend. Nous nous sommes interrogés sur le caractère durable ou non du climat de solidarité que nous avons constaté à smartville, craignant notamment que le départ des fortes personnalités qui ont été à l'origine du projet et l'éloignement progressif des temps héroïques des débuts n'érodent cette solidarité et ne génèrent de l'instabilité. Avec l'ensemble des dispositifs industriels, économiques et sociaux qui ont été mis au point au cours de ces cinq années pour réguler les relations, un équilibre suffisant paraît avoir été trouvé dans les relations entre partenaires pour assurer désormais une bonne stabilité à smartville.

Le risque d'instabilité du partenariat paraît écarté.

Chapitre 14

Réorientations et perspectives

« *The six automobiles in The Museum of Modern Art's permanent collection, including three new acquisitions, are innovative designs representing a range of purposes, such as speed, sport, and transport... Automobiles in the Museum's collection have been selected for outstanding aesthetic qualities and because they are historically and culturally influential designs.* »

MoMA. *org*, « smart city coupé car enters the Museum of Modern Art, New York », *AUTObodies Exhibition on View*, 29 juin-16 septembre 2002

DIFFICULTÉS ET SUCCÈS

L'échec du lancement de la smart

L'entrée de la smart dans la collection permanente du Musée d'Art Moderne de New York (le célèbre MoMA) constitue une reconnaissance exceptionnelle de l'origina-

La smart n'a pas connu le succès immédiat qui était attendu.

lité d'un design et d'un concept. La smart fait désormais partie des 6 voitures présentées dans la collection permanente du musée comme ayant eu une influence majeure en matière de design aux côtés des PininFarina's Cisitalia 202 GT (1946), M38A1 Jeep (1952), Volkswagen Type 1 Sedan Beetle (1959), Jaguar E-type roadster (1961) et Ferrari Formula 1 Racing Car (1990). Pour autant, la smart n'a pas connu le succès commercial immédiat qui était attendu par ses concepteurs, et un certain nombre de réorientations ont été nécessaires pour assurer la viabilité économique du projet.

L'objectif commercial qui avait été fixé à 200 000 unités par an, trois ans après le lancement de la voiture sur le marché, et qui correspondait à la capacité de l'usine, fut très loin d'être atteint puisque les ventes ne dépassèrent pas les 80 000 unités en 1999 et atteignirent tout juste les 100 000 unités en 2000. Ramené peu après à 130 000 unités, cet objectif commercial ne devait être atteint qu'en 2002. Plusieurs raisons peuvent expliquer le médiocre succès du lancement commercial des années 1999-2001 :

La nouveauté mal perçue

La nouveauté a joué en défaveur de la smart.

La nouveauté du concept a joué en la défaveur de la smart : une stricte deux places de 2,50 m aux formes très originales a été perçue comme difficile à assumer par une partie de la clientèle potentielle. C'est pourquoi le passage à l'acte, la décision d'achat, se sont révélés plus complexes que prévu. Ainsi, en l'absence de smart dans la rue, les acheteurs potentiels revenaient plusieurs fois (certains 3 ou 4 fois !) pour se convaincre ou convaincre leur entourage avant d'acheter.

Par ailleurs, on a beaucoup entendu de déçus : « *Finalement ce n'est qu'une voiture !* » MCC n'a pas réédité le coup de la Swatch. L'innovation dans le design a été perçue mais il n'y a pas eu d'innovation technique majeure dans le mode de propulsion : ni moteur électrique, ni propulsion hybride. La réduction de gabarit s'est traduite, pour le public, par la création d'une deux places, ce qui, sur le marché européen, n'a pas forcément été appréhendé comme un progrès. L'offre de personnalisation ne s'est guère étendue au delà de l'utilisation de la smart comme support promotionnel par quelques entreprises. On ne change sans doute pas la couleur de sa voiture comme celle de sa montre !

L'échec de la communication

La communication publicitaire n'a pas véritablement accroché. Le slogan promotionnel unique pour tous les pays, en anglais, « *reduce to the max* » est apparu comme peu clair et peu compréhensible. Il visait à promouvoir une marque et un style de vie sans mettre suffisamment en avant le véhicule proprement dit et ses avantages spécifiques dans chaque pays. Les plans marketing initiaux promouvant une urbanité « d'avant-garde » ne se sont pas révélés aussi porteurs qu'attendus même si, *in fine*, le positionnement marketing de la marque reste fidèle aux idées d'origine.

La communication publicitaire n'a pas accroché.

Des informations parasitaires ont brouillé l'image positive liée à l'innovation. Ainsi, avant même d'avoir été proposée à la vente, la smart s'était largement fait connaître par son échec lors du test de l'élan qui n'a en fait affecté officiellement que la Classe A. Elle a cependant été largement associée à cette affaire, ce qui a en partie obéré la campagne de lancement ! Par la suite, les annonces sur la possible fermeture de l'usine et sur l'abandon du projet par J. Schrempp ont contribué à diffuser dans le public une image d'échec, ou tout au moins de semi-échec.

Les coûts de distribution et de production

La création en quelques trimestres d'un modèle de distribution exclusif ex-nihilo s'est révélé un pari intenable. Avec 110 smart-centers au départ pour toute l'Europe,

Le réseau de distribution n'était pas assez dense.

soit 15 en France par exemple, le réseau de distribution était beaucoup trop peu dense, obligeant certains clients potentiels à un lointain déplacement en périphérie ou dans une ville voisine, pour venir voir et essayer cette voiture. Difficulté accrue par le fait que pour se familiariser avec le concept, les prospects devaient revenir souvent plusieurs fois avant de se décider à acheter.

Enfin, le coût de production s'est finalement avéré assez élevé même si le coût de l'investissement de lancement pour Mercedes a été particulièrement faible. Nous avons analysé les raisons de ce coût de production élevé : sophistication du véhicule, combinaison de contrats assez favorables pour les partenaires-système, économies d'échelle longues à obtenir étant donné le décollement trop lent des ventes, concentration des efforts initiaux sur le développement d'un produit de qualité et sur la tenue des délais de lancement, plus que sur un objectif de coût compte-tenu du refus de toutes concessions sur les aspects de la sécurité, de la fiabilité, et du confort.

1999 : nouvel équilibre et réorientations

L'ampleur des difficultés a conduit à réorienter le projet.

La nature et l'ampleur de ces difficultés ont été véritablement appréhendées au début de l'année 1999. Elles ont conduit à une réorientation du projet vers un plus grand pragmatisme : le produits et ses attributs immédiats seraient beaucoup mieux mis en avant sans pour autant se départir du concept avant-gardiste qui reste attaché à la marque. Enfin, après la phase d'innovation tous azimuts du développement et de la production, le projet allait entrer dans une phase de rationalisation industrielle. Un nouvel équilibre allait être recherché avec les partenaires, qui leur sera moins favorable.

Mais les principales innovations de la relation partenariale très avancée qui avait été créée allaient heureusement être maintenues. Sous l'impulsion de J. Schrempp, la réorganisation toucha essentiellement la politique commerciale et le mode de distribution, mais aussi certains éléments de l'organisation industrielle avec l'enjeu devenu central des coûts de revient.

La réorganisation commerciale

La réorganisation commerciale avait bien sûr pour but d'accroître les ventes. La première conséquence de cette réorganisation fut le départ de H.J. Schär de la Direction Commerciale. Les smart-centers furent repris dans le réseau de distribution de DaimlerChrysler[9]. Certains smart-centers sont restés indépendants et répondent directement à MCC en prestataires de distribution, d'autres sont devenus des filiales rattachées au réseau de Daimler-Chrysler. Ce rattachement s'est traduit par un accroissement des points de distribution avec l'introduction du concept de relais de vente, en plus des smart-centers et des satellites, relais installés chez les concessionnaires Mercedes-Benz ou Chrysler. La smart bénéficiait ainsi en 2002 de 80 points de vente en France (22 smart-centers, 11 satellites et 47 relais) contre 15 lors de son lancement. L'organisation commerciale de DaimlerChrysler reprit ainsi dans tous les pays le développement et les ventes de la smart de la même façon qu'elle commercialisait déjà d'autres marques du groupe comme Jeep, Chrysler ou Mercedes.

Parallèlement à cet accroissement des points de vente, il fut également décidé de baisser le prix de vente de 500 €, soit environ 5 % sur tous les modèles[10]. Des initiatives commerciales classiques furent également entreprises comme la création de séries spéciales, qui se succédèrent à partir de l'année 2000 : smartville, smartmusic, smartcab, creamstyle, Agnès B... En outre, on tira les leçons du semi-échec de la campagne marketing : ce sont la voiture et ses qualités qui furent mises en avant dans les campagnes promotionnelles, et non plus seulement la marque. Le modèle italien de développement des ventes fut également réutilisé dans d'autres pays, dont la France, avec des actions ciblées de relations publiques comme le prêt gracieux de smart à des stars et autres VIP.

La réorganisation avait pour but l'accroissement des ventes.

9. Certains smart-centers ont été rachetés par DaimlerChrysler pour en devenir des filiales à 100 %, d'autres sont restés indépendants mais ils répondent directement à MCC en tant que prestataires de distribution.

10. En France le modèle de base passa ainsi de 8750 € à 8250 €, soit de 57 400 FRF à 53 900 FRF.

11. Depuis décembre 2000, la Saemes, société de parkings appartenant à la ville de Paris, a aménagé des espaces trop petits pour être utilisables par des voitures conventionnelles et les réserve à des smart payant moitié prix ; des formules analogues ont été conclues avec Vinci-Park et Cetaparc.

Enfin, conformément au concept initial, un certain nombre de partenariats commerciaux furent mis au point pour tirer avantage de la taille de la voiture. Ainsi prit-on contact avec des sociétés de gestion de parking et de ferry-boats afin que les smart bénéficient de tarifs préférentiels[11]. Un accord fut également mis sur pied avec le loueur Avis pour que les propriétaires de smart bénéficient de tarifs de location préférentiels sur toute la gamme Avis. D'autres projets de ce type sont à l'étude.

DE 1999... À DEMAIN

Les résultats de la réorganisation

La réorganisation commerciale a donné des résultats comme la progression constante des ventes.

Cette réorganisation commerciale a donné des résultats, comme l'atteste la progression constante des ventes. Plus importante encore est la part de marché croissante prise par la smart dans le segment des « subcompact », puisque la barre des 10 % du marché européen a été atteinte en 2001 et sera largement dépassée en 2002. Les ventes mondiales de la smart pour le premier semestre 2002 ont été de 62 450 véhicules contre 58 751 véhicules pour le premier semestre 2001, ce qui correspond à une croissance de plus de 6 % dans un marché européen global en chute de 5 %.

1998		1999	2000	2001	2002
11 200		80 000	100 900	116 200	125 000
3 mois			+47 %	+15 %	+7 %
Part de marché du segment en Europe		6,2 %	9,4 %	11 %	11,6 %

Évolution des ventes

L'analyse de la répartition des ventes sur le territoire européen montre une grande différence de pénétration suivant les pays. L'analyse de la répartition des ventes cumulées des 250 000 premières smart produites[12] est en effet éloquente (voir tableau ci-dessous). Les deux marchés de prédilection de la smart ont été l'Allemagne et l'Italie, très loin devant les autres pays et cela pour des raisons assez différentes. En Allemagne l'impact de la filiation avec Mercedes a été majeure et le public a été très sensible aux arguments écologiques et sécuritaires du véhicule. C'est également le cas de la Suisse dont le marché à des caractéristiques proches du marché allemand.

En Italie, le marché était déjà habitué à de petits véhicules et l'effet « branché » de la smart a joué à plein, plus d'ailleurs en raison de l'intelligence des distributeurs que par l'effet de la campagne de promotion. C'est d'ailleurs dans ce pays que les acheteurs de smart ont le mieux correspondu à la cible initiale. La smart y est considérée comme un objet « très tendance » et un qualificatif est apparu pour qualifier les conducteurs de smart : les « smartisti ».

En France, les consommateurs sont plus conservateurs devant l'innovation. Leur sensibilité au prix y est plus grande et la concurrence de petites 4-places françaises est particulièrement forte.

12. Ce chiffre des 250 000 unités produites, considéré comme un premier jalon attestant d'une position atteinte sur ce marché des *subcompact*, a été atteint en avril 2001.

Pays	Allemagne	Italie	France	Suisse	Espagne	Benelux	Autres
Ventes smart	45 %	25 %	7.5 %	6.5 %	4.7 %	4.0 %	7.3 %
marché des « sub-compacts »	27 %	17 %	16 %	–	10 %	4 %	26 %

Vente smart et marché des sub-compacts dans l'Union Européenne (2001)

L'enjeu des coûts de revient

Parallèlement à cette évolution commerciale, la réorganisation industrielle fut engagée à partir de la fin 99 pour diminuer les coûts de revient. Les difficultés commerciales des débuts avaient eu d'importantes conséquences sur les coûts. Face aux difficultés à obtenir l'équilibre de

La réorganisation industrielle fut engagée en 1999.

195

l'opération, la clause de couverture des frais fixes des partenaires (qui avait été prévue initialement pour le cas où les volumes seraient inférieurs aux prévisions) fut modifiée en 2001 : les partenaires sont désormais pleinement tributaires du succès commercial de la smart. Cette renégociation s'est faite peu après l'annonce et la mise en oeuvre du plan de relance commerciale.

Mais certaines des solutions adoptées pour relancer les ventes ont également eu des conséquences d'un autre type sur les coûts de revient. C'est le cas du lancement de séries spéciales qui se multiplièrent à partir de l'année 2000. Sur le plan de l'organisation industrielle, cette multiplication de variantes eut un effet négatif. L'usine vit le nombre d'articles de sa base de données passer de moins de 500 à plus de 1 200 et le nombre de fournisseurs d'environ 30 à plus de 80 entre la fin du développement du premier modèle et l'année 2001. De 2 variantes de modèles, 1 moteur, 4 couleurs intérieures, on est ainsi passé à 13 variantes de modèles, 4 moteurs et 8 couleurs intérieures[13] ! À cela se sont ajoutés d'autres facteurs défavorables pour les coûts de production comme la personnalisation finale des véhicules qui devait initialement être réalisée dans les smart-centers et qui a finalement été ramenée à Hambach.

Ces changements ont affecté la capacité de production de l'usine qui, prévue initialement à hauteur de 200 000

13. En octobre 98, la première version *city-coupé* comptait deux motorisations (45 et 55 CV). La version de base, smart *& pure* avec un toit en composite a été complétée avec les modèles intermédiaires et haut de gamme, smart *& pulse* et smart *& passion,* avec toit en verre. En janvier 99 apparut un modèle avec climatisation et anti-brouillards. En janvier 2000, le coupé fut proposé avec un moteur diesel turbo de 41CV. Un mois plus tard, suivait le cabriolet avec capote électrique. Puis toujours en septembre 2000, ce fut la version business, sans place pour le passager, mais dont la TVA est déductible par les entreprises en France. En février 2001, le modèle smart *& pulse* passe à 62 CV, puis le moteur diesel est rendu disponible sur le cabriolet, et enfin depuis septembre 2002 existe un modèle à conduite à droite. Tout ceci sans compter les séries spéciales dont en septembre 2001 celle qui fut développée avec Agnès B, et, en 2002, celle qui sera diffusée en France avec Orange !

véhicules/an, est finalement saturée en 2 équipes avec 140 000 véhicules/an. Pour compenser cet effet négatif, un effort de productivité substantiel a été réalisé à Hambach : réduction des frais fixes de 34 %, la production par ouvrier passant de 149 véhicules en 1999 à 177 en 2000 ; réduction des coûts de matériaux et composants de 15 % ; réorganisation du travail en deux équipes, ce qui permet d'augmenter la capacité disponible de 12 % et de réduire d'autant le temps de cycle. Enfin, un programme interne d'excellence industrielle vient d'être lancé sous l'appellation « *fit for future* ». Ce programme prévoit, entre autres, une nouvelle optimisation des coûts de revient, une réduction des frais de structure, mais aussi une optimisation des ventes, en adossant la smart plus fortement à Mercedes...

Le potentiel de la smart

Selon les analystes, le marché européen dispose d'un potentiel important de développement du segment des micro-compacts (« subcompacts »). Tous les grands constructeurs européens ont des projets de lancement dans ce segment qui s'est dorénavant fait une place en Europe. Pour qui a été la première et qui est toujours le seul véhicule à deux places réunissant toutes les caractéristiques d'une vraie voiture, l'annonce de projets concurrents serait plutôt une bonne nouvelle, car les actions promotionnelles des autres marques contribueront à ouvrir le marché et à augmenter la demande. MCC dispose en outre de brevets qui peuvent lui assurer une certaine avance sur les autres constructeurs. La société peut aussi espérer un effet de génération : lorsque les premiers concurrents arriveront sur le marché, à l'horizon 2004-2005, la deuxième génération de smart aura été développée et industrialisée, et bénéficiera de toute l'expérience acquise avec la première.

Il est en outre réaliste de prévoir une progression commerciale significative sur certains marchés clés encore très

Le marché européen dispose d'un potentiel important de ventes de micro-compacts.

en retrait comme la France, l'Espagne, l'Angleterre et l'Irlande. La voiture est également commercialisée à Taïwan et au Japon. Des projets sont en cours pour l'Amérique du Nord. D'après de premières études, le seuil de rentabilité d'un lancement nord-américain de la marque serait assuré avec 8 000 ventes annuelles. Or, des analystes indépendants chiffrent le potentiel annuel de ventes au double de ce chiffre. Le succès récent du lancement aux USA de la Mini Cooper par BMW est effectivement encourageant, puisque ce modèle s'est déjà vendu à près de 7 000 exemplaires en moins de 6 mois. Une introduction sur ce marché garantirait de bonnes marges permettant d'améliorer les résultats financiers de MCC. Enfin, « *last but not least* », tout comme pour BMW, l'introduction de la smart sur le marché nord-américain pourrait avoir un autre intérêt pour DaimlerChrysler : en étant comptabilisée dans les véhicules vendus par le groupe DaimlerChrysler, la smart contribuerait à diminuer la consommation moyenne de carburant des véhicules commercialisés par le groupe aux USA, ce qui améliorerait sa position face aux nouvelles exigences de consommation imposées par les normes fédérales. En matière de limitation des émissions polluantes, la smart est en effet classée en tête des véhicules polyvalents, avec 90 grammes de CO_2 par kilomètre pour la version essence.

Le développement de la gamme

De nouveaux véhicules sont annoncés.

Commercialement, telle que nous la connaissons, y compris dans ses différentes variantes, smart peut donc beaucoup progresser, y compris dans un marché automobile plus difficile. Mais c'est la création d'une gamme qui assurera le succès définitif de cette aventure. Sur ce point, les projets sont prometteurs. De nouveaux véhicules sont en effet annoncés pour la marque. La smart d'origine avait été planifiée pour une durée de 7 ans et c'est sur cette base qu'ont été négociés les contrats avec les partenaires industriels. Dès 1999 furent annoncés le développement et l'industrialisation d'un nouveau modèle de marque smart : le « roadster ». À nouveau, la Région Lorraine fit tout ce qui était en son pouvoir pour que la production ait lieu à Hambach, mais cette fois-ci sans subventions, le district s'étant développé (en partie grâce à la smart) et n'étant plus estimé en reconversion ! En octobre 1999, une décision favorable fut annoncée par la société.

Roadster

Le chantier de construction de la chaîne d'assemblage a débuté en février 2001 pour une mise sur le marché du nouveau modèle en 2003. Le véhicule mesurera 3,22 m, pèsera 800 kg et sera muni d'un moteur suprex-turbo. MCC a également annoncer la préparation d'un autre véhicule, une 4 places ou « Z-Car », prévue pour une mise sur le marché en 2004. Ce nouveau modèle sera développé et produit en partenariat avec Mitsubishi dont Daimler-Chrysler détient 37 % du capital. Il sera produit à la fois au Japon et en Hollande dans les usines Mitsubishi.

2002 signe l'entrée de MCC dans une autre ère dans laquelle la priorité est à la rentabilité. La combinaison de la croissance des ventes avec les effets de la réorganisation industrielle doit permettre d'envisager l'équilibre financier de MCC pour 2004. Resteront alors à assurer les succès commerciaux du *roadster* et de la *Z-car* et l'émergence de la marque smart sera définitivement acquise. Lancée pour un produit unique, smart va devenir ainsi une marque à part entière avec toute une gamme de produits. Dotée d'une forte identité autour des valeurs d'urbanité/modernité, d'innovation et de jeunesse, elle doit ainsi trouver sa place spécifique dans le portefeuille du groupe DaimlerChrysler.

Conclusion

De 1994 à 2001, sept années de l'émergence d'une entreprise audacieuse viennent de se dérouler sous nos yeux, depuis sa conception jusqu'à un premier palier de son existence ; elles représentent une échelle de temps suffisante pour tirer un bilan de cet étonnant parcours, riche en innovations, particulièrement dans le domaine des relations partenariales inter-entreprises, mais aussi dans le domaine de l'entrepreneuriat.

Le pari tenu d'un projet visionnaire

L'existence aujourd'hui de la smart dans nos rues, c'est d'abord un pari gagné contre la routine et les chemins bien tracés du développement. Il n'y a pas une façon unique d'innover et d'entreprendre. Il ne faut pas nécessairement être un acteur reconnu de l'industrie automobile pour créer un nouveau véhicule et *a fortiori* un nouveau concept[14]. Il est fort probable que la smart ne serait jamais sortie du berceau de Mercedes ou du groupe DaimlerChrysler, avec toute l'originalité du concept et du design qui la caractérise. Rappelons en effet que ce pari est parti de l'esprit d'un spécialiste en ingénierie, ayant à

14. Dans le secteur automobile, de nombreux exemples d'innovations produits proviennent d'acteurs extérieurs au secteur. C'est notamment le cas de l'*Espace* développé en son temps par Matra.

201

son actif le sauvetage de l'industrie horlogère suisse. La motivation initiale de N. Hayek était que l'on pouvait révolutionner le concept même d'automobile mais aussi son développement, sa production et sa distribution. C'est sans aucun doute la radicalité de cette vision, d'ailleurs intégralement reprise par les trois gérants des débuts (J. Tomforde, C. Baubin et HJ. Schär) qui a permis d'aboutir à un produit et à une organisation aussi innovantes.

15. Le développement et l'industrialisation de la smart ont coûté environ 600 M€ (4 GF), l'usine 430 M€ (2,8 GF), la commercialisation et le lancement 350 M€ (2,3 GF), soit au total 1,4 milliards d'euros (9 milliards de francs).

Certes, à l'arrivée, la révolution n'est sans doute pas tout à fait à la hauteur des espérances de N. Hayek, qui s'est d'ailleurs retiré du projet : propulsion thermique classique (et non électrique ou hybride), prix notablement plus élevé que prévu, démarrage commercial lent et rentabilité initiale médiocre[15]. Mais les délais ont été tenus, et ils ont été remarquablement courts, puisque quatre années seulement ont séparé le lancement du projet de la commercialisation. La voiture est maintenant dans toutes les villes et l'équilibre financier est prévu à court terme. Mais surtout, des avancées importantes ont été réalisées :

- reconnaissance par le public en Europe d'une nouvelle approche de l'automobile,
- création d'un segment autonome, celui des « subcompacts »,
- organisation industrielle nouvelle avec la conception d'un produit constitué de modules confiés à un nombre très réduit d'équipementiers, partenaires du projet implantés à l'intérieur de l'usine,
- distribution d'une automobile en « franchise » et positionnement marketing avant-gardiste,
- innovation technique proprement dite avec la mise au point de plusieurs procédés nouveaux dans l'industrie automobile,
- création d'une nouvelle marque dans un secteur qui en détruit plus qu'il n'en fait naître !

Ajoutons à ces éléments les modalités exceptionnelles du portage financier exigé par la nécessité dans laquelle se trouvaient les partenaires initiaux, mais qui constitue un des pans de l'innovation qu'il convient de reconnaître à l'actif de ce projet.

Un test grandeur nature des nouvelles frontières du partenariat

La volonté radicale d'innovation et les contraintes qu'ont connues les pères fondateurs de ce projet ont conduit à une ingénierie de partenariats peu ordinaire. La stratégie de partenariat a été poussée à ses limites. Toutes les formes possibles de partenariat ont été explorées et développées au cours de cette entreprise. MCC, puis Mercedes, ont été, sur ce point, intelligemment opportunistes et les ruptures qui sont intervenues dans le projet étaient très probablement indispensables à sa survie, notamment le départ de N. Hayek et des trois gérants créateurs, et la réorganisation commerciale. La reprise en main du système d'information et la révision de clauses trop favorables aux partenaires-système étaient également nécessaires.

Un éventail de la plupart des formes du partenariat existants.

Reste la réussite incontestable du partenariat industriel créé autour de l'organisation modulaire du développement et de l'assemblage. Le concept du site de smartville a repoussé les limites de ce qui se fait habituellement en matière de parc industriel ou d'implantation de fournisseurs à proximité de l'usine de leurs clients. MCC a montré la voie aux autres entités du groupe Daimler-Chrysler ainsi qu'à ses concurrents. Les leçons tirées de ce montage valent pour toute l'industrie, même si la taille de l'unité industrielle (200 000 unités annuelles) a pu être considérée par certains comme limitée par rapport à l'échelle habituelle[16] des unités d'assemblage.

16. Dans la profession automobile, la taille optimale d'une usine d'assemblage serait plutôt de deux unités de production de 30 000 véhicules par mois chacune alors que Hambach produit aujourd'hui un peu plus de 10 000 smart/mois.

Le partenariat comme accélérateur entrepreneurial

L'expérience de MCC nous aura clairement montré que le partenariat peut constituer un formidable accélérateur entrepreneurial. Mercedes avait des projets, mais N. Hayek a déclenché l'action ; les équipementiers avaient des innovations technologiques en préparation, mais sans les propositions d'association qui leur ont été faites, auraient-ils accepté les risques qu'il devaient prendre ? Constituer une société de 2 000 personnes en deux ans sans dupliquer le modèle Mercedes aurait-il été possible sans les contributions de partenaires aussi engagés que l'ont été par exemple Magna ou Arthur Andersen Consulting ? Les associés n'avaient ni les compétences, ni les moyens d'assurer seuls le développement, l'assemblage et la distribution d'un nouveau véhicule. Grâce à leur politique systématique de partenariats, les promoteurs du projet n'ont financé qu'environ 55 % de son coût, soit moins de 1 milliard d'euros sur un coût total de 1,7 milliards. Ils auront réussi à limiter à quatre années la durée du développement et de l'industrialisation d'un véhicule totalement nouveau dans son concept. Ce sont là des réussites incontestables pour cette expérience hors normes !

	Total investi	Origine des fonds		
		promoteurs du projet	Partenaires	
Développement et industrialisation du véhicule	610 M€ (4 GF)	610 M€ (4.0 GF)		Charges des partenaires inconnues
Investissement de production	430 M€ (2,8 GF)		430 M€ (2,8 GF)	GIE Spring Rain
Développement de la marque et lancement	350 M€ (2,3 GF)	350 M€ (2,3 GF)		
Développement. du réseau	300 M€ (2 GF)		300 M€ (2 GF)	Licenciés 1/3 Banques 2/3
Infrastructure en Lorraine	70 M€ (0,46 GF)		70 M€ (46GF)	Subventions
TOTAL	1 760 M€ (11,6 GF)	960 M€ (55 %)	800 M€ (45 %)	

MCC a ainsi fait la preuve que pour accélérer le développement, l'industrialisation voire la distribution d'un produit, partager des coûts et des financements, développer un marché, disposer de technologies de pointe, les alliances avec d'autres sociétés offrent des solutions très efficaces ; encore faut-il pour cela attirer et motiver les « bons » partenaires et mettre en place une ingénierie contractuelle, organisationnelle et relationnelle pertinente[17].

17. Voir les méthodes de construction et de mise en œuvre des partenariats dans « Bâtisseurs d'Alliances » – J.P. Guth. Paris 1998.

Un savoir-faire nouveau l'ingénierie de partenariat

La réussite des partenariats de MCC réside en effet pour beaucoup dans le choix des partenaires, dont on a vu que tous ou presque entretenaient des relations étroites avec Mercedes et on peut supposer qu'un certain alignement culturel pré-existait au montage des partenariats. Néanmoins, MCC a mis en évidence un certain nombre de qualités essentielles attendues de ses partenaires : la réalité de leurs performances industrielles et techniques, leur capacité à gérer en maître d'œuvre un module complexe avec de nombreux fournisseurs, leur capacité à se coordonner avec les autres partenaires, leur capacité à implanter une filiale locale disposant de suffisamment d'indépendance et enfin leur solidité financière : « *Quand vous créez un partenariat, vous devez bien être au clair dès le début sur la manière dont les partenaires financeront le projet.* » (C. Baubin)

La réussite des partenariats de MCC vient en premier lieu du choix de ses partenaires.

Cela dit, les débuts de la smart ne se sont pas fait dans l'orbite de Mercedes mais bien sous l'impulsion de N. Hayek et des trois premiers co-gérants de MCC : J. Tomforde, C. Baubin et HJ. Schär. Il leur revient d'avoir mis en place une ingénierie de la relation entre un ensemblier et ses principaux équipementiers, mais aussi entre un constructeur et ses distributeurs, et entre ce même constructeur et ses financeurs. Les savoir-faire mis en actes furent de plusieurs natures : juridique, relationnel et organisationnel.

Il est frappant de voir combien les partenaires industriels ont en effet été juridiquement bien traités par MCC en contrepartie des risques et de l'engagement qui leur était demandé. Si certains éléments ont été revus à la baisse par la suite comme l'engagement de couverture des frais fixes, les partenaires, de leur aveu même, ont obtenu une meilleure rentabilité du projet que la société MCC. Le concept de partenariat industriel n'a pas été utilisé ici comme le faux nez d'une relation commerciale pure et dure qui ne voudrait pas dire son nom ! Le vécu des différents partenaires à Hambach montre que le juridique a bien été considéré comme un dispositif de dernier recours. Quant à la contractualisation avec les distributeurs, on retiendra la volonté de standardisation de HJ. Schär : un seul contrat extrêmement détaillé formalise toute la relation entre les distributeurs et MCC. Les difficultés commerciales du début ont conduit à faire usage des contrats : la « *franchise* », en effet, ne génère pas une organisation basée sur la dimension relationnelle comme c'est le cas pour le coeur industriel d'un tel projet.

Sur le plan humain, au moins deux leçons peuvent être tirées du partenariat industriel qui s'est noué à Renningen puis à Hambach . La première réside dans la qualité des relations que les dirigeants de MCC sont parvenus à développer et maintenir entre les équipementiers présents sur le site. En responsabilisant les partenaires-système, en leur distribuant en quelque sorte une partie du pouvoir, et en agissant en facilitateur, MCC est parvenu à constituer une équipe réduite d'équipementiers solidaires, dotés d'un statut de quasi-associés. Cette incontestable réussite a permis tout à la fois réactivité, flexibilité et solidarité : « *Un tel esprit ne peut être obtenu que s'il y a le défi technique d'un développement. Je pensais qu'on n'y arriverait jamais. Tous* (les équipementiers) *avaient leurs problèmes et finalement chacun a réussi à les surmonter : on a compris qu'on pouvait réussir ensemble, qu'on ne pouvait réussir qu'ensemble.* » (Dr. Hensel, Président Directeur Général de Dynamit Nobel).

La seconde leçon est d'une tout autre nature. Elle a sans doute été difficile pour les dirigeants de MCC. Ils ont découvert tardivement que l'organisation industrielle qu'ils avaient mise en place constituait une communauté. Il leur a fallu inventer un véritable pilotage social du site afin de surmonter l'éclatement des appartenances des différents salariés présents à smartville. La fragilité du dispositif s'est d'ailleurs révélée à plusieurs reprises avec des conflits sociaux ; le pilotage social d'un réseau du type de celui de smartville apparaît aujourd'hui, à l'évidence, comme un nouveau savoir-faire.

Sur le plan de l'organisation, on retiendra le grand pragmatisme qui a conduit au découpage du véhicule en modules. Ce découpage s'est fait en bonne intelligence avec les équipementiers pressentis. C'est ainsi que les modules ont été déterminés de telle sorte qu'ils ne soient ni trop importants pour les capacités des partenaires, ni trop petits relativement aux charges fixes d'une structure locale. MCC a ensuite tenu son double rôle d'assembleur et de gestionnaire d'un site industriel en facilitant les régulations entre équipementiers. Cette entreprise est sortie de la logique bilatérale conventionnelle pour entrer véritablement dans une logique de réseau : « *À Hambach, nous sommes devenus les spécialistes du travail à trois et plus* ». Quant aux équipementiers, ils auront, pour beaucoup d'entre eux, fait l'apprentissage du rôle de fournisseur de modules et développé des compétences de systémier. La tendance générale des équipementiers à accroître vers l'aval leur part de valeur ajoutée pour se rapprocher de leurs clients rencontre ici la tendance des constructeurs automobiles à diminuer le nombre de leurs interlocuteurs, promus du coup partenaires stratégiques. L'ingénierie modulaire est une réalité qui fait évoluer inéluctablement le métier d'équipementier.

smart : au-delà d'un produit une marque et une entreprise à consolider

Nous avons évoqué à plusieurs reprises la nécessité d'appuyer le réseau sur une entreprise « amirale », profes-

smart pourra-t-elle garder son autonomie au sein du groupe DaimlerChrysler ?

sionnellement et financièrement reconnue afin d'attirer, coordonner et piloter un ensemble relationnel complexe. Sans le soutien du groupe DaimlerChrysler, il n'est pas certain que ce projet ait tenu. Reste le corollaire de cette proposition, smart pourra-t-elle garder son autonomie au sein du groupe DaimlerChysler ? Car aujourd'hui nous assistons à une autre interrogation : le départ de N. Hayek a transféré au groupe DaimlerChrysler la maîtrise de l'entreprise et l'expression court dans les couloirs : *« On se mercédécise ! », « On devient une société normale ! »*

Ces propos traduisent les réminiscences de la volonté des pères fondateurs de tenir smart à une distance suffisante de Mercedes afin d'en garantir la créativité et l'originalité. On assiste actuellement à la mise en œuvre d'une politique de rapprochement de smart avec les fonctions centrales du groupe DaimlerChrysler dans un but évident de rationali-sation. On peut en comprendre l'intérêt opérationnel et financier mais ce rapprochement peut faire courir un risque stratégique à une marque et une culture encore en voie d'émergence.

smart deviendra t-elle une entreprise « amirale », à son tour, avec la constitution d'une véritable gamme, d'une culture et la rentabilité en ligne de mire ? À elle d'en défendre les prin-cipes et d'en conduire la stratégie avec ses partenaires, au premier rang desquels se trouve sa société-mère. Il lui faut en quelque sorte organiser une nouvelle alliance... mais avec DaimlerChrysler, cette fois-ci , avec lequel il lui faudra composer pour rester porteuse de son originalité telle que la définit l'actuel Président de MCC Andreas Renschler : *« Je vois une smart comme porteuse d'innovation. Et l'innovation chez smart n'est pas la technique de pointe de Mercedes, mais l'idée non conventionnelle, une forme mettant fortement l'accent sur l'utilisation de l'espace intérieur, le plaisir de con-duire, la sportivité, et le tout pour un prix modéré. »*

Bibliographie

Busby J.S., Fan I.S. : *The Extended Manufacturing Enterprise : Its Nature and Its Needs*, International Journal of Technology Management, 1993, pp. 294-308.

Collins R., Bechler K., Pires S. : *Outsourcing in the Automotive Industry : From JIT to Modular Consortia*, European Management Journal, 15 (5), pp. 498-508.

Dicke T. S. : *Franchising in America : The Development of a Business Method, 1840-1980*, University of North Carolina Press, 1992.

Fréry F. : *L'entreprise transactionnelle*, Annales des Mines : Gérer et Comprendre, sept 96, pp. 66-78.

Garel G. : *Analyse d'une performance de co-développement*, Revue Française de Gestion, 1999, 123, pp. 5-18.

Greis N., Kasarda J. : *Enterprise Logistics in the Information Era*, California Management Review, 1997, 39 (4), pp. 55-78.

Guth J.-P. : *Bâtisseurs d'alliance*, Éditions d'Organisation, 1998.

Koza M., Lewin A. : *Managing Partnerships and Strategic Alliances : Raising the Odds of Success*, European Management Journal, 2000, Vol 18, N°2.

Leclair P., Le Boulaire M. : *Une GRH sans frontières : l'exercice du contrôle dans l'entreprise-réseau*, Paris, Entreprise & Personnel, 2002.

Naulleau G. : *Joint Ventures within the Automotive Industry*, Centrale des Cas et des Médias Pédagogique, Paris, 1996.

Naulleau G., J.-P. Guth : *Du partenariat à l'entreprise étendue : vers une reconfiguration de la relation client/fournisseurs dans l'industrie automobile*, Annales des Mines : Gérer et Comprendre, Septembre 2000, pp. 31-41.

Neuville J.P. : *Béni soit le partenariat : les dix commandements du fournisseur performant*, Annales des Mines : Gérer et Comprendre, 1998, n° 51, pp. 55-64.

Renault S. : *L'ancrage des fournisseurs sur les sites de production des constructeurs automobiles*, Université de Caen, 2001.

Rifkin J. : *L'âge de l'accès*, La Découverte, Paris, 2000.

Index

www.ingramcontent.com/pod-product-compliance
Lightning Source LLC
Chambersburg PA
CBHW061248220326
41599CB00028B/5569